Frauenbeten

Frauenbeten

Herausgegeben von
Michael Bangert
und
Claudia Fuchs-von Brachel

Mit Fotos von
Ursula Schulz-Dornburg

Aschendorff Münster

Michael Bangert,
Dr. theol., Diözesanpräses der kfd
im Bistum Münster

Claudia Fuchs-von Brachel,
Dr. theol., Leiterin Frauenreferat/kfd
im Erzbischöflichen Seelsorgeamt Freiburg

Ursula Schulz-Dornburg,
Fotografin

Gesamtherstellung: Druckhaus Aschendorff, Münster, 2002

Gedruckt auf säurefreiem, alterungsbeständigem Papier ∞

ISBN 3-402-03423-9

Inhalt

Vorwort

In Frauenseelsorge und kirchlicher Frauenarbeit ist die Frage nach dem Gebet zentral. In erster Linie wird diese von Frauen selbst gestellt, die sich in fertig präsentierten und vorformulierten Gebetstexten nur in geringem Maße wiederfinden. Sei es, dass sie Sprache oder Inhalte als fremd oder unangemessen empfinden, sei es, dass sie die auszufüllenden Gebetsformen nicht mehr nachvollziehen können. Aus all dem – seit einigen Jahren bekannt – hat sich für Leserinnen eine schier unüberschaubare Vielfalt von „Frauengebetsliteratur“ entwickelt, die diesem Bedürfnis Rechnung tragen will.

Den vorliegenden Band zeichnet nun im Besonderen aus, dass er nicht nur in der Frauenarbeit der Bistümer Freiburg und Münster entstanden ist, sondern vor allem, dass hier Frauen mit den Früchten ihrer Arbeit, ihren Anfragen und Antworten selbst zu Wort kommen.

Die Autorinnen sind einesteils Teilnehmerinnen von Exerzitien, die ihre ureigenen, selber geschriebenen „Psalmen“ zur Veröffentlichung zur Verfügung gestellt haben – als Quelle der Inspiration für Leserinnen und Beterinnen. Zum anderen sind es Frauen aus ganz unterschiedlichen Zusammenhängen, die sich bereit erklärt haben, für diesen Band ihr Beten und ihre Gebetsgeschichte zu bedenken und schriftlich festzuhalten. Gerade wegen der sehr vertraulichen Prägung der Texte sind sie auf Wunsch der Autorinnen anonymisiert.

Im Gegenlicht von Texten aus der Tradition verdeutlicht sich die Eigenart der Gebete. Betrachtungen der Herausgeber zum Gebetsprofil neutestamentlicher Personen lassen charakteristische Linien biblischen Betens hervortreten. Anregungen zur Gebetspraxis bilden den Abschluss des Buches.

Allen Autorinnen und biblischen Gestalten dieses Bandes ist gemein, dass sie um ihr Eigenes ringen, dass sie die

Dimension Gottes als fremd, unverständlich und gleichzeitig als vertraut, begleitend und alles Erwartbare sprengend erfahren. So wird ihr Beten zum tragenden Grund ihrer Kommunikation mit dem Leben: Auf diesem Weg gewinnen Alltäglichkeit und scheinbare Eintönigkeit eine bunte Schönheit und einen tiefen Sinn.

Die Texte der Frauenpsalmen werden begleitet von Fotografien der renommierten Düsseldorfer Künstlerin Ursula Schulz-Dornburg. Ihr gilt ein besonderer Dank für die Bereitstellung ihrer Bilder!

Allen Autorinnen, den Teilnehmerinnen der Kurse, den ehrenamtlichen Frauen und den hauptamtlich in der Frauenarbeit tätigen Kolleginnen aus Freiburg und Münster danken wir herzlich!

Münster und Freiburg,
am 15. Oktober 2001

Michael Bangert
Claudia Fuchs-von Brachel

Was ist Beten?

Zugänge zum Gebet

Zugänge zum Gebet

„Darf man beim Beten lachen?“ Bitte geben Sie sich ganz schnell und ohne zu überlegen eine Antwort darauf. Vielleicht kommt Ihnen spontan das aus Kindertagen Gelernte: „Nein, das wäre unandächtig!“ Möglicherweise denken Sie auch: „Das kann ich gar nicht!“ Das sitzt tief, beim Beten bestimmte Haltungen einzunehmen bzw. innere Empfindungen wachzurufen. Es geht doch immerhin um Kontakt zum Allerhöchsten, zu Gott! Lachen gilt da als unmögliches Verhalten. Mehr noch: Es läuft dem Beten offensichtlich zuwider, es zerstört die Andacht.

So lässt sich auf diesem Hintergrund berechtigt weitersuchen: Was ist Beten eigentlich?

Sinnlose Beschäftigung für mehrheitlich alte Frauen, Rosenkranzgeleiere in leeren schummrigen Kirchen? Besänftigungsmaßnahme für einen zornigen Gott? Erweis katholischen Wohlverhaltens durch Abarbeiten bestimmter Gebetsriten? Sublimierung von Aggressionen oder anderen Trieben? Der letzte Anker, wenn sonst gar nichts mehr hilft? Scheintrost in absoluter Trostlosigkeit? Seismograph für die Absurdität des Daseins und persönliche Weltfremdheit?

Oder geht es beim Beten um den kommunikativen Bezug, den Verweis auf eine andere Wirklichkeit hinter all den rationalen Gesetzmäßigkeiten? Von welcher Wirklichkeit sprechen die, die Beten als den Urgrund ihrer Kommunikation benennen? Mit wem sprechen Beterinnen und Beter, wenn die Antwort so wenig be-greifbar ist?

Die Reihe der Fragen ließe sich beliebig verlängern. Ungezählte Menschen stellen sie so oder ähnlich. Doch viele Menschen beantworten sie, indem sie einfach beten, indem sie ihre Existenz mit Gott in Verbindung bringen.

Im vorliegendem Buch findet sich eine kleine Sammlung unterschiedlicher Antworten. Antworten, die Frauen sich und anderen geben, Antworten, die sie erhalten haben und die sich im Laufe des Lebens als wahr, als tragfähig und richtig erwiesen haben. All diesen ist gemeinsam, dass sie nicht von Fachtheologinnen vorformuliert und simpel nach-gebetet wurden. Sie stammen vielmehr aus dem je eigenen Frauenleben, aus der je eigenen Seele, dem eigenen Herzen.

Für viele ist die Vorstellung genauso amüsant wie schwierig, dass Jesus, lebte er heute unter uns, ein Loch in seiner Socke hätte, gerne mal tief ins Glas schaute und vielleicht auch Sahnetorte liebte (Was ihm die Pharisäer ja gleichsam vorgeworfen haben!). So lebensfern erleben viele Frauen kirchliche Gebetspraxis. Fertige Gebetstexte, die – weil allzeit gültig – abgehoben, undurchdringlich und fremd wirken. Es sind dann oft sprachliche Formulierungen zum Überstülpen, durch Liturgieexperten vorsichtig abgewogen und bisweilen zu Tode geprüft. Gefahr scheint da zu lauern, wo Eigenes in die Liturgie eingebracht werden soll, im Zweifelsfalle dienen die Vorwürfe fehlender Rechtgläubigkeit oder theologischer Inkompetenz als argumentativer Würgegriff.

In diesem Band will der Blick in die biblischen Geschichten, die Erzählung von Maria, der Mutter Jesu, der Osterbericht und Maria aus Magdala, die Heilungsgeschichte des Bartimäus, die anschauliche Interpretation des Ärgers, den Marta von Bethanien über ihre Schwester äußert und die Betrachtung der liebevollen Beziehung zwischen Jesus und seinem Lieblingsjünger den Horizont weiten. In all diesen Geschichten ist die Haltung eines echten und tiefen Betens zu verspüren. Es findet sich ein Ringen um Kontakt mit dem Ureigenen, der Seele, die sich im Göttlichen gründet.

Und all diesen Geschichten ist gemein, dass sie sich nicht in abgeschotteten Gebetsräumen abspielen, sondern mitten im Alltag. Im quirligen Leben, in der Sorge um das Gelingen des zuzubereitenden Mahles und im Ärger über fehlende Hilfe in der Küche, im „typisch" weiblichen Weinen angesichts des fehlenden Leichnams Jesu. Der Alltag mit all seinen Sorgen und Freuden wird so zur Quelle Gottes, und all die kleinen Dinge werden wichtig und groß. Sie erweisen

Gott als die, die immer schon da ist, die die Menschen nicht allein lässt, wenn sie nur bereit sind, ihre Seele fließen zu lassen.

Da wird Beten zur Selbstverständlichkeit: Beim Warten an der Bushaltestelle, in der Freude über die strahlenden Augen eines rotzfrechen Lausbuben und in Traurigkeit mit Klage, Verzweiflung und Wut. Allen gemein ist das tiefe Wissen um die Schöpfung als Ort des Gottes, der seine Menschen in allem begleitet!

Erfahrungen solcher Art wollen gelernt werden, sind keine offensichtlich jedem zufallende Selbstverständlichkeiten. Deswegen haben von altersher Menschen Räume zum Beten geschaffen und Anleitungen gegeben, wie die innere Haltung mit äußeren Gebärden korrespondieren kann. Manche davon sind nur noch schwer zu verstehen oder haben gar endgültig eine Exklusivbedeutung für „besonders Fromme", zu weihende Kleriker und Ordensleute, erhalten. Andere wiederum entwickeln sich neu – so entdecken seit einiger Zeit viele Frauen den Tanz als faszinierende Möglichkeit, ihrer Spiritualität neu Ausdruck zu geben. In der Tradition sind an Bildern reiche, sicher Poesie zu nennende Zeugnisse sprachlicher Ausdruckskraft von Frauen zu finden, wie beim Beten „der große Gott in ein kleines Herz zu ziehen ist", wie das Gebet „Same und Frucht" des Lebens werden kann.

Fraglos wird es gegenwärtig nicht leichter, die eingangs gestellte Frage nach einer definierbaren Qualität des Betens eindeutig zu beantworten. So wenig fest vorformulierten Gebeten und gemeinsamen Riten der Sinn abgesprochen werden darf, umso vielfältiger und breit gefächerter werden die Gebetsformen und Gebetsinhalte derer, die in Verbindung mit dem Urgrund ihrer Seele, Gott, stehen. Beten ist immer Kommunikation und Tat, bedeutet, aufmerksam und liebevoll dem Leben zu begegnen und im Leben zu sein, in sein Innerstes zurückzukehren und im Äußeren dazusein! Sicher kann man beim Beten lachen oder beim

Lachen beten. Der quälende Zwiespalt aber findet seine Heilung, wo das Lachen ein Gebet ist.

Das Neue Testament sieht im gottsuchenden Beten kein naives, weltfremdes oder unbedarftes Unterfangen. Wie alles menschliche Tun unterliegt es existentieller Härte. Auch das Gebet ist durch den Rhythmus von Gewinn und Verlust, von Werden und Vergehen mitbestimmt. So eröffnet die Botschaft Jesu von Nazareth zwangsläufig eine große sprachliche und inhaltliche Vielfalt von Möglichkeiten der Gottesrede und des Betens.

Immer wieder wird Alltägliches auf seine Tiefendimension hin geöffnet, damit es in bildhafter Weise vom Geheimnis des Daseins spricht. Oft sind es Bilder aus der Welt des bäuerlichen Lebens, die sprechend gemacht werden. Die Weise, wie das Gottesreich dem Menschen nahe kommt, verdeutlicht eine der bekanntesten Vergleichserzählungen des Zweiten Testamentes: Das Gleichnis vom vielfältigen Geschick der Saat. Dieser Text (Mk 4,2–9) ist von solcher Tiefe, dass er wohl mit Recht auch dazu dienen kann, den Weg des christlichen Betens abzubilden:

In seiner Lehrrede sagte er [Jesus] zu ihnen:
Hört – da! Der Sämann zog hinaus, um zu säen. Und beim Säen geschah es: Das eine fiel auf den Weg nebenhin. Und die Vögel kamen und fraßen es weg. Und anderes fiel auf den felsigen Grund, wo es nicht viel Erde hatte. Und gleich schoss es herauf, weil es keine Tiefe in der Erde hatte. Doch als die Sonne aufging, ward es verbrannt und verdorrte, weil es keine Wurzel hatte. Und anderes fiel unter die Disteln und die Disteln stiegen auf und erstickten es. Und Frucht gab es keine. Und anderes fiel auf die rechte Erde und gab Frucht. Es stieg auf und mehrte sich und trug dreißigfach, ja sechzig- und hundertfach. Und er sagte: Wer Ohren hat, die hörend sind, höre!

Sicher darf man dieses Gleichnis Jesu nicht nur von seinem Ende her lesen. Wer nur das „glückliche" Ende sieht, missachtet den Weg und übersieht den Misserfolg, die Widrigkeiten. Ein Vorwurf, der dem christlichen Beten oft gemacht wurde und wird, lautet: Immer bildet nur der „liebe

Gott" bzw. das gute Ende im Jenseits den Mittelpunkt! Die Härte der Lebenswirklichkeiten werde übersehen und missachtet!

Wenn wir jedoch diese Bildrede Jesu als Gebetslehre verstehen und sie gleichsam auf der „Zunge der Seele" zergehen lassen, ist der Geschmack des wirklichen Lebens zu spüren. Jesus geht den Realitäten nicht aus dem Weg.

Auf das Feld gehen, um die Saat auszustreuen, heißt für einen Menschen zur Zeit Jesu: Das, was von der letzten Ernte übrig ist, ganz einsetzen. Möglicherweise ist es vom Munde abgespart, – und jetzt muss es ausgesät werden. Das ist ein hohes Risiko. Die Säfrau, der Sämann hat vor dem eigentlichen Säen schon eine große Entscheidung getroffen: Sie halten das Saatgut, das Lebensnotwendige, nicht angstvoll zurück, sondern geben es mit vollen Händen aus. Anders kann die Saat des Lebens nicht ausgestreut werden. So steht es auch um das Beten. Doch wer kennt das nicht: Von Angst gelähmt, angespannt und ohne Mut, unfähig, das, was mir an Leben, an spiritueller Substanz zur Verfügung steht, auf den Acker des Gebetes zu tragen. Ich bringe dann kein Wort heraus, bleibe sprachlos und stumm. Nimmt diese Angst überhand, wird bei den Säleuten bald die geistliche Not vor der Tür stehen!

Also bleibt beim Ausbringen der Gebetssaat keine wirkliche Alternative. Die Gleichnisrede Jesu lässt trotzdem falsche Hoffnungen nicht aufkommen: Ein Teil der Saat fällt auf den Weg und wird von den Vögeln gefressen. Ein erstes Ausstreuen – und schon geht etwas verloren! Ein Teil der Kraft und der Liebe, mit denen ich bete, können eben verloren gehen. Sie fallen ins Bodenlose, ins Niemandsland oder werden in geschäftigen Abläufen zertreten. Ich gebe etwas Wichtiges, doch Ort und Zeit stimmen nicht. Vergeblich! Keine Frucht!

Die Dramatik der „Gebetssaat" hat aber noch kein Ende. Ein zweiter Teil der Körner fällt auf dünnen Boden. Diese Erde sieht an ihrer Oberfläche zwar gut aus, doch es gibt keine Tiefe. Die Saat meines Betens schießt schnell empor. Die eigene Frömmigkeit macht den Eindruck, als ob sie gut gelänge. Es scheint einen raschen und ansehnlichen Erfolg zu geben: Das Lebensprojekt des Glaubens wird hoch erfolgreich sein! Doch der Traum zerplatzt an der harten Wirklichkeit. In der Hitze des Alltags verdorren die Keimlinge, wenn die Wurzeln der Spiritualität nicht ausgebildet werden konnten! Ein rasches Wohlgefühl, das sich auch in Bezug auf geistliches Tun allzu rasch einstellt, trägt nicht. Auch das Gebet bedarf der Verwurzelung.

Die Erzählung ist noch nicht an ihrem Ende, denn der Mann aus Nazareth bleibt bei seiner uneingeschränkten Wirklichkeitsnähe. Wieder ist kein Erfolg zu berichten, da ein Teil der Gebetskörner zwar auf guten Boden fällt, jedoch von den Disteln erstickt wird. Das innere Wachsen wird auf schmerzliche Weise zu einem Ende gebracht. Vielleicht gibt es in mir durchaus eine spirituelle Begabung, eine Sehnsucht nach dem Geheimnis der Welt, doch die äußeren oder inneren Bedingungen lassen sie nicht zur Entfaltung kommen. Mag auch sein, dass mich ein anderer Mensch mit seinen „Stacheln“ daran hindert. Beten ist empfindsam, es bedarf durchaus des Schutzes. Vielleicht muss ich beizeiten mit der „Heckenschere der inneren Entschiedenheit“ Bedrohungen wegschneiden oder auch den seelischen Wildwuchs stutzen, um den zarten Keimlingen meines Betens Raum zu schaffen.

Die Nüchternheit Jesu von Nazareth beeindruckt. Er spürt die verneinenden Kräfte auf, die dem Leben und dem Beten entgegenstehen, und bringt sie ins Wort. Was er an Bedrohungen sieht, könnte ausreichen, einen Menschen vollends zu deprimieren. Wenn die „Gottessaat“, wenn das Beten so gefährdet ist, dann hat es doch keinen Zweck, dann behalte ich meine geistlichen Vorräte und Möglichkeiten lieber bei mir! Die schonungslose Analyse wird aber nicht zum ängstlichen Verstummen; sie endet nicht in der lähmenden Sprachlosigkeit. Weil Gott gerade das gebrochene Leben und die Zukurzgekommenen liebt, kann das Gleichnis der bisweilen trüben Wirklichkeit des eigenen Betens eine Hoffnung entgegensetzen, denn ein Teil der Saatkörner fällt auf gute Erde.

Das eben ist ein Charakteristikum biblischer Rede, dass sie nicht furchtsam wegsieht, nicht vorschnell verzagt und nicht emotional überdreht. Beten im Sinne Jesu ist ein behutsames und entschiedenes Wahrnehmen der größeren Möglichkeiten Gottes. Auch wenn ich im Gebet nichts „spüre", kann mein Suchen, Bitten und Fragen nie tiefer fallen als in die offene Hand Gottes.

Die Zusage, die das Gleichnis im Angesicht der vielfältigen Gefährdungen macht, ist nicht gerade bescheiden: Es soll 30fache, 60- und 100fache Gebetsfrucht geben. Wenn eine Ähre zur Zeit Jesu 30 Körner trug, dann war das schon eine ganz ausgezeichnete Ernte. 60 Körner in einer Ähre, – das war schon unvorstellbar. Und 100 Körner pro Ähre, – das ist die Fülle schlechthin. Eine Fülle, die in biblischer Sicht nur Gott möglich ist. Eine Fülle, die denen verheißen ist, die sich nicht davon abbringen lassen, in Treue ihre Saat auszubringen, auch wenn keine kurzfristigen Gewinne zu erwarten sind. Das Leben, das Jesus den Betenden – auch den um Worte Ringenden und spirituell Suchenden – verheißt, ist kein karges, bitteres, knappes Zurechtkommen. Die Verheißung ist ein vitales, erfülltes Leben, das nichts gemein hat mit naivem Empfindungsgeschwelge oder erfrorenem Dogmatisieren. Jesus kündet von einem erfüllten, reifen und gelassenen Leben, von einer Spiritualität, die nicht das Letzte aus sich herauspressen muss. Daraus erwächst die Freiheit, nicht jede fromme Mode, nicht jede sich geistlich nennende Torheit mitzumachen. Die Freiheit der Kinder Gottes endet nicht mit dem Beten. Die Freiheit der Kinder Gottes bewährt sich gerade darin!

Beten ist Same und Frucht des Lebens

Psalmen und Gebete von Frauen

Gebete im Fluss der Tradition

Das Gespräch in einer kleine Gruppe älteren Landfrauen kreist um das Beten. Der eigene Gebetsweg, die eigenen Höhen und Tiefen kommen ruhig und vorsichtig zu Wort. Jede hört aufmerksam und rücksichtsvoll zu; jede hat ausreichend Zeit zu erzählen. Eine Frau, deren Biographie manche rasante Wendung genommen hat, spricht von den oft derben Schlägen des Schicksals. Sie schließt mit dem Versuch, ihr Beten auf den Punkt und ins Wort zu bringen: „Beten ist wie Same und Frucht meines Lebens!" Sie entnimmt ihrer bäuerlichen Lebenswelt ein Bildwort, das die Pole ihrer Gottsuche zusammenbindet. Das Gebet ist ihr nicht die Sahne auf dem Kuchen des Sonntags; es ist ihr keine seltene Creme mit exotischem Geschmack. Ihr ist wichtig, dass das Beten mit dem Leben zu tun hat, aus ihm hervorgeht und es zugleich weiterträgt. Ihr Beten widerstrebt nicht dem Grundrhythmus des Lebens; ihr Gebet lebt vielmehr im Gleichmaß der Schöpfung.

Diese Sinndeutung des Betens führt – wie nicht nur das jesuanische Gleichnis von dem vielfältigen Geschick der Saat zeigt – nahe an die Bildwelt der Bibel heran. So kann es als Leitwort für die folgende Sammlung von Gebetstexten dienen, die im Laufe von Exerzitienkursen und Besinnungstagen mit Frauen entstanden sind.

Die Autorinnen sind von ganz unterschiedlichem Alter (von 32 bis 81 Jahre) und stehen in mannigfaltigen Lebenssituationen. Gemeinsam ist ihnen, dass sie der Sinn- und Gottsuche in ihrem Leben einen wichtigen Platz einräumen. Auch durch die gewünschte Anonymisierung hindurch lassen sich diskret biographische Konturen erahnen. Die Themen wechseln und lassen jede Systematisierung unangemessen erscheinen, denn hier kennt die Klage den Dank und die Freude ist mutig genug, die Trauer nicht zu verleugnen. Die Verschiedenartigkeit der Texte spiegelt eine je andere Perspektive und ist selbst ein Echo der Vielfalt des Betens, – wie es uns das große Gebetbuch der Bibel, die Sammlung der Psalmen, vor Augen führt. Zugleich äußert sich der Mut der Autorinnen, das eigene Leben „ins Gebet zu nehmen". Von jedem der Gebete, die nicht formelhaft erstarrt, sondern lebensvoll gesprochen oder geschrieben sind, geht eine Faszination aus. Sie sind missionarisch im besten Sinn des Wortes!

Die oft bedrückende und lähmende Sprachlosigkeit auf dem Feld des Spiritualität findet in den vorliegenden Gebetstexten eine Lösung jenseits allen frommen Geschwätzes. Hier zeigt sich die Fähigkeit dieser Frauen zur Gottesrede, durch die unsere Kirche reich und schön wird. Das kirchliche Leben würde anziehender und reizvoller, wenn die sich hier äußernde Gebetskraft ungebrochen zum Zuge kommen könnte. Das Zutrauen zu dieser weiblichen Gebetskultur ist begründet durch die Geistesgegenwart, in der sie wurzelt und die aus ihr spricht.

Die Gebete werden – entsprechend dem Leitwort vom Beten als Same und Frucht – durch Fotos von Getreide begleitet. Die Großaufnahmen der Düsseldorfer Fotografin Ursula Schulz-Dornburg offenbaren die Vielfalt der Körner und Ähren, die in der Masse kaum zu unterscheiden sind. Die feinen Strukturen des Getreides treten hervor und korrespondieren mit der Eigenheit und Besonderheit der Gebete. Durchdringt der Augenschein die allfällige Oberfläche, so trifft er auf eine Kunst, die von der Weisheit Gottes spricht. Diese Weisheit, die die biblische Tradition stets weiblich verstand, glänzt aus den Texten und den Bildern!

Psalmen und Gebete von Frauen

Lobpreis auf Gott, der mir das Leben gab

Als ich noch klein war und sehr asthmakrank, wusste ich durch die Fürsorge meiner Mutter, dass es Dich, Gott, gibt.

Und Du warst mir nahe, danke, guter Gott!

Als ich größer wurde und mich manchmal ungerecht behandelt fühlte, weil ich schwächer war, als meine Geschwister, da warst Du mein Tröster.

Und Du warst mir nahe, danke, guter Gott!

Als ich älter wurde und den Streit in der Großfamilie mir wehe tat, gabst Du mir Gewissheit, dass er wieder zu Ende geht.

Und Du warst mir nahe, danke, guter Gott!

Als ich in den Jugendjahren so schwer Entscheidungen treffen konnte, da hast Du mir geholfen.

Und Du warst mir nahe, danke, guter Gott!

Als ich meinen Mann heiratete, den ich sehr liebte, der aber von Berufswegen nur wenig Zeit für mich hatte, da fehlte mir etwas, aber ich spürte Dich.

Und Du warst mir nahe, danke, guter Gott!

Als unsere fünf Kinder der Reihe nach geboren wurden, da war ich sehr glücklich.

Und Du warst mir nahe, danke, guter Gott!

Als eines unserer Kinder lebensgefährlich erkrankte, da hast Du mich schwer geprüft, aber ich hoffte auf Dich.

Und Du warst mir nahe, danke, guter Gott!

Als mein Mann schwer verunglückte und ich 20 Tage und Nächte an seinem Bett wachte, da habe ich Dich angerufen, aber zum ersten Mal in meinem Leben habe ich ins Nichts gerufen.

Wo warst Du, Gott?

Als Du ihn sterben ließest, ohne dass ich ein Wort des Abschieds bekam, da hattest Du mich verlassen, ich fühlte Deine Nähe nicht mehr.

Wo warst Du, Gott?

Als ich Trost suchte im Gebet, in der Eucharistiefeier, aber ihn nicht fand. Alles schrie in mir:

Gott, wo bist Du?

Als ich nicht ansprechbar war für tröstende Worte und helfende Hände.

Wo warst Du, Gott?

Als ich mich aufgeben wollte, nicht mehr wollte, nicht mehr konnte.

Wo warst Du Gott?

Gott, mein Gott, warum hattest Du mich verlassen?

Als die Zwillinge, die Jüngsten, elfjährig weinten, schrieen:
Mama, siehst Du uns nicht, wir brauchen Dich doch!
Da fiel es mir wie Schuppen von den Augen.
Ich fühlte plötzlich eine Stärke in mir, die nur von Dir Gott kommen konnte.
Du warst mir ein Stück entgegengekommen.
Da wusste ich es wieder, Du wolltest mir nahe sein, Du hattest gar nicht aufgehört, mir nahe zu sein.

Danke, guter Gott!

Ich bemerkte in der folgenden Zeit die gute Entwicklung der Kinder, und ich konnte mich wieder darüber freuen.
Und Du warst mir, wie früher, nahe.

Danke, guter Gott!

Rückblickend konnte ich dann später sagen:
„Gott, Du hast alles gut gemacht. Für meinen Mann und für unsere Familie war sein Tod das Beste gewesen, er hätte sich nie befreien können aus den Fesseln seines Berufes."
Er fehlte mir zwar noch, aber durch Dich, Gott, war auch er mir irgendwie nahe.
Ja, Gott, ich weiß es für immer.

Du willst mir nahe sein. Danke, guter Gott!

Mein Lobpreis und mein Dank an Gott

Du hast gewollt, dass ich geboren wurde.

Ich preise Dich und lobe Deinen Namen.

Du kennst mich bei meinem Namen.

Ich lobe und preise Dich.

Du kennst meine Nöte und Ängste, auch die aus meiner Kindheit, die ich vergessen habe.

Ich lobe und preise Dich, o Herr.

Du hast mich durch Krankheit und Schmerz gute Erfahrungen sammeln lassen.

Ich lobe und preise Dich und danke Dir, o Herr.

Du hast mir einen wundervollen Ehemann an die Seite gegeben.

Ich lobe und preise Dich mit dankbarem Herzen.

Drei wunderbare Kinder hast Du uns geschenkt, wir durften sie ein Stück ihres Lebens nahe bei uns haben, durften erleben, wie sie sich zu liebenswerten und wertvollen Menschen entwickelten.

Ich lobe und preise Dich und danke Dir von Herzen.

Vielen Menschen bin ich begegnet, die mir zeigten und immer noch zeigen, dass auch ich ein wertvoller und liebenswerter Mensch bin.

Ich lobe und preise Dich und danke Dir von Herzen,
jeden Tag, Du mein Gott.

Wichtig sind auch die dunklen Tage und Stunden, die mir zeigten, wie viel Kraft und Stärke Du mir gibst.
Danke, dass Dein Licht nach solchen Tagen besonders hell für mich scheint.

Preis und Ehre sei Dir, meinem Gott und Vater,
dass Du für mich da bist,
dass Du mich bergend hältst.

Danklitanei

Ich danke Gott,
denn er möchte, dass ich lebendig bin.

Ich danke Gott
für das Haus, in dem ich mich wohl fühle und für den
Garten, in dem ich die Blumen, Sträucher und Bäume
in den verschiedenen Jahreszeiten bestaunen kann,
denn er möchte, dass ich lebendig bin.

Ich danke Gott
für manche Begegnung,
für Menschen, die mich nicht übersahen,
sondern wahrnahmen,
die einen Blick für mich hatten,
die nicht nur Erwartungen an mich stellten,
die sich für mich als Mensch interessierten, und
die mir zeigten, dass sie gerne mit mir zusammen waren;
denn er möchte, dass ich lebendig bin.

Ich danke Gott
für Kolleginnen und Kollegen,
für Gesprächspartner und -partnerinnen,
mit denen ich zusammen arbeiten
und nachdenken durfte,
die zuhören konnten,
Gedanken aufgreifen und weiterdenken,
wo ich mit meiner Kreativität in Berührung kam;
denn er möchte, dass ich lebendig bin.

Ich danke Gott
für Freunde und Freundinnen,
die Gelassenheit und Zuversicht ausstrahlten,
Hoffnung stifteten und Mut zu kleinen Schritten machten,
denn er möchte, dass ich lebendig bin.

Ich danke Gott
für meine Kinder,
auch und gerade für die erwachsenen Kinder,
die nicht den von mir vorgezeichneten Weg gehen:
dass sie mich immer neu herausfordern,
so dass ich meine Einstellungen und mein Verhalten
überprüfen und eventuell ändern muss.

Ich danke Gott auch
für manch andere Zumutung,
die mich zu – wenn auch schmerzhaften –
Wandlungsprozessen nötigte,
so dass ich jetzt auch meine Wut und
meine Stärke spüren kann;
denn er möchte, dass ich lebendig bin.

Ich danke Gott
für meine – noch sehr kleinen – Enkelkinder,
die alle Möglichkeiten des Lebens erahnen lassen,
und die so warme Gefühle, Zärtlichkeit und
Zuneigung in mir wecken;
denn er möchte, dass ich lebendig bin.

Ich danke Gott,
denn er möchte, dass ich lebendig bin.

Danklitanei über das eigene Leben

Ich danke Dir Gott, denn Du bist gut
Du gabst mir das Leben.

Gott, Dir sei Dank.

Du hast mich in einer großen Familie
aufwachsen lassen.

Gott, Dir sei Dank.

Du lässt mich in Friedenszeiten leben.

Gott, Dir sei Dank.

Du hast mir Wurzeln und Heimat gegeben.

Gott, Dir sei Dank.

Mir wurde viel Liebe geschenkt.

Gott, Dir sei Dank.

Du hast mir Gefühl und Sensibilität gegeben.

Gott, Dir sei Dank.

Du hast mir Talente anvertraut.

Gott, Dir sei Dank.

Du gibst mir in schweren Lebenslagen Kraft.

Gott, Dir sei Dank.

Du hast meinen Mann und mich
in 25 Jahren Ehe begleitet,
so dass wir in diesem Jahr
unsere Silberhochzeit feiern konnten.

Gott, Dir sei Dank.

Du hast uns Kinder geschenkt
und die Freude daran.

Gott, Dir sei Dank.

Du hast mir Fähigkeiten gegeben,
in Gemeinde und kfd zu wirken.

Gott, Dir sei Dank.

Ich darf und kann dankbar sein.

Gott, Dir sei Dank.

Ich danke Dir Gott, denn Du bist gut.

Gott, Dir sei Dank.

Die Güte Gottes

Wofür soll ich danken, Gott, wenn ich an meine Kindheit denke?
Wie schwer es meine Eltern und wir Geschwister hatten, weißt Du.
Aber Du ließest uns in Deiner wunderbaren Schöpfung aufwachsen.
Dort durfte ich lagern an grünen Auen, da warst Du mir Schutz.
Du weißt, wie es um meine Ehe steht. Meine Kinder sind im Aufbruchalter.
Wanderst Du mit mir durch diese Zeit, so fürchte ich mich nicht.
Vor mir liegen schwere Entscheidungen. Ich habe große Angst.
Tränen fließen am Tage oder nachts, meine Seele beruhigt sich nicht.
Du bist mir Schutz, birgst mich in Deiner Hand.
Das Lied ist mir Gebet geworden; stehe ich unter Druck, verliere ich die Stimme.
Ich flehe Dich an, hilf mir, damit ich die richtigen Worte finde.
Zu mir kommen Menschen, die sich mir anvertrauen.
Dafür danke ich Dir, Gott.
Menschen hören mir zu. Dabei spüre ich Deine Güte, Gott.
Dank anzunehmen, fällt mir sehr schwer.
Du bist bei mir. Dir will ich danken mein Leben lang,
Du Gott meines Lebens.
In Deinem Haus möchte ich wohnen.

Meines Lebens Dank- und Lobpsalm

Ich danke Dir Herr:
Dafür, dass meine Mutter mich geboren hat.
Ich danke Dir Herr:
Dafür, dass ich mich an einige Zeiten
meiner Kindheit nicht mehr erinnere.
Ich danke Dir Herr:
Dafür, dass es meine Großmutter gab.
Ich danke Dir Herr:
Dafür, dass ich eine gute Berufsausbildung
machen konnte.
Ich danke Dir Herr:
Dafür, dass ich einen guten Mann fand,
mit dem ich im nächsten Jahr
die Rubinhochzeit feiern darf.
Ich danke Dir Herr:
Dafür, dass uns zwei Töchter geschenkt wurden.
Ich danke Dir Herr:
Dafür, dass wir vier gesunde Enkel haben.
Ich danke Dir Herr:
Dafür, dass wir in gesicherten finanziellen
Verhältnissen leben können.
Ich danke Dir Herr:
Dafür, dass zur Zeit alle Familienmitglieder
gesund sind.
Ich danke Dir Herr:
Dafür, dass mein Mann es geschafft hat, in den
wohlverdienten Ruhestand zu gehen.
Ich danke Dir Herr:
Dafür, dass ich die Hoffnung auf eine schöne
gemeinsame Zukunft habe.
Ich danke Dir Herr:
Dafür, dass mich schlimme Zeiten nicht
von Dir entfernt haben.

Ich danke Dir Herr:
Dafür, dass ich mit den Psalmen leben darf.
Ich danke Dir Herr:
Dafür, dass ich mich wieder auf Zuhause freue.
Ich danke Dir Herr.

Gott, der Du das Leben bist –
Ich will Dir danken

Für die Treue, mit der Du mein Leben
bisher begeistert hast – *will ich Dir danken.*

Für alle schmerzenden Erfahrungen,
die Du verwandelt hast – *will ich Dir danken.*

Für alle Menschen, die Du mir
zur Seite gestellt hast – *will ich Dir danken.*

Für alle Liebe, die ich durch diese
Menschen erfahren durfte – *will ich Dir danken.*

Für unseren Planeten Erde, den
Du wundervoll gestaltet hast – *will ich Dir danken.*

Für die Erfahrung, dass Du
mich mit Namen kennst – *will ich Dir danken.*

Für Deine Zusage, immer bei
den Menschen zu sein – *will ich Dir danken.*

Dir will ich mein Loblied singen
und Dich preisen, solange ich lebe.

Deine Güte bleibt

Du hast mich so liebevoll geschaffen Herr,
dafür danke ich Dir,
denn deine Güte währet ewig.
Danke für meine Eltern, besonders für meine Mutter,
denn deine Güte währet ewig.
Danke für alle Menschen, die mich auf meinem Weg
durch die Kindheit begleitet haben,
denn deine Güte währet ewig.
Danke für die Schönheiten dieser Erde,
das Zwitschern der Vögel, den Klang von Musik,
das bunte Herbstlaub,
denn deine Güte währet ewig.
Danke, dass Du mir einen liebenden Mann
zur Seite gestellt hast,
denn deine Güte währet ewig.
Danke, dass Du mir eine Tochter schenktest,
deren Leben ich 14 Monate begleiten durfte,
bevor Du sie zu Dir holtest,
denn deine Güte währet ewig.
Danke, dass Du uns noch drei Söhne geschenkt hast,
die ich aufwachsen sehen darf,
denn deine Güte währet ewig.
Danke, dass wir alle gesund sind und es uns gut geht,
denn deine Güte währet ewig.
Danke, dass ich die bisherigen Tiefen meines Lebens
durchschreiten konnte und ich daraus gewachsen bin,
denn deine Güte währet ewig.
Danke, dass Du mir Hoffnung und Licht bist,
denn deine Güte währet ewig.
Danke, dass wir in unserem Land in Frieden leben,
denn deine Güte währet ewig.

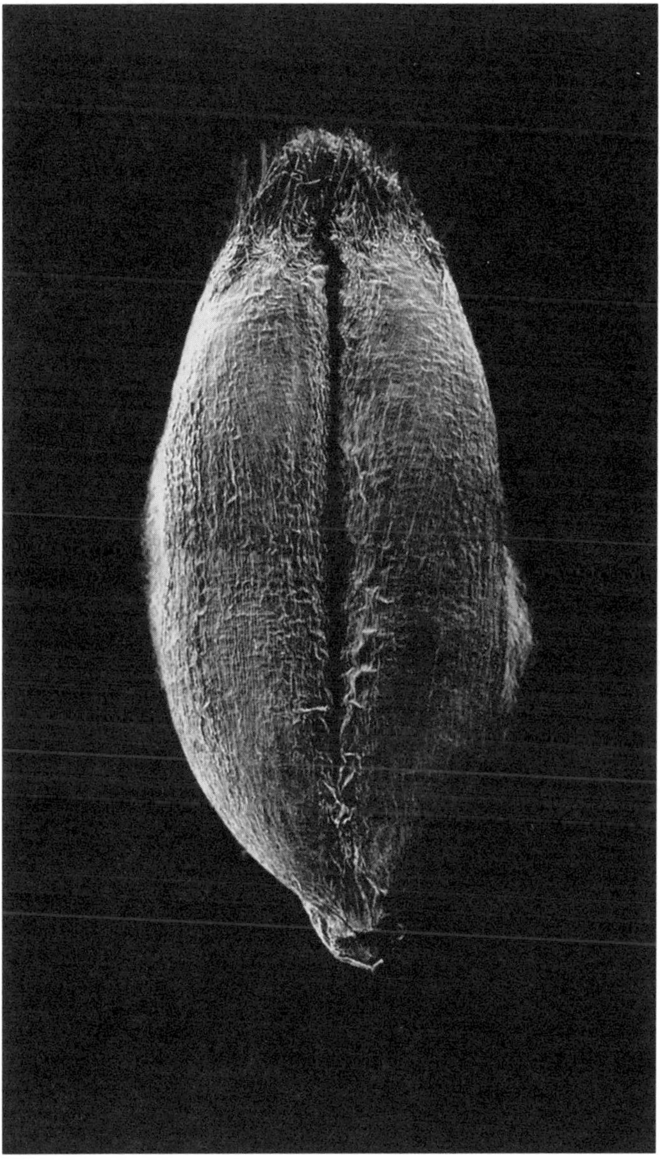

Ich glaube

Ich glaube an Gott, der die Liebe ist,
den Schöpfer des Himmels und der Erde.
Ich glaube an Jesus, sein menschgewordenes Wort,
den Messias der Unterdrückten und Bedrängten,
der das Reich Gottes verkündete
und gekreuzigt wurde deswegen.
Ausgeliefert wie wir der Vernichtung des Todes,
aber am dritten Tag auferstanden,
um weiterzuwirken für unsere Befreiung,
bis Gott alles in allem sein wird.
Ich glaube an den Heiligen Geist,
der uns zu Mitstreitern
des Auferstandenen macht,
zu Brüdern und Schwestern derer,
die für Gerechtigkeit kämpfen und leiden.
Ich glaube an die Gemeinschaft
der weltweiten Kirche
an die Vergebung der Sünden
an den Frieden auf Erden,
für den zu arbeiten Sinn hat.
Und ich glaube an eine Erfüllung des Lebens
über unser Leben hinaus.

Danket dem Herrn, denn er ist gütig,
denn seine Huld währt ewig.
Danke, dass Du bei mir warst beim Tod des Sohnes,
denn Du magst mich.
Danke, dass Du mir da Menschen geschickt hast,
denn Du magst mich.
Danke, dass Du da bist, wenn ich Dich brauche,
denn Du liebst mich.

Danke, dass Du da bist, wenn keiner mich will,
denn Du liebst mich.
Danke, dass ich in Deine Hand geschrieben bin,
denn Du hältst mich.
Danke, dass Du mir viele schöne Tage schenkst,
denn Du hältst mich.
Danke für die vielen Schönheiten der Natur,
denn Du kennst mich.
Danke für das Meer und die Almen,
denn Du kennst mich.
Danke für viele gute Ideen,
denn Du bist bei mir.
Danke für den Sommer, der uns Wärme gibt,
denn Du bist bei mir.
Danke für die Musik und die Bücher,
denn Du weißt um mich.
Danke, dass ich Wut zeigen darf,
denn Du weißt um mich.
Danke, dass Du mich nie verlässt,
denn Du bist bei mir.

Mein Psalm

Herr, mein Gott, wie groß bist Du!
Lob und Dank sei Dir für Deine Liebe und Güte.
Dank sei Dir für mein Leben mit seinen Höhen und Tiefen.
Ja, ich *danke* auch für die Tiefen, denn durch sie bist Du mir näher gekommen als durch die Höhen.
Lob und Dank sei Dir auch für meine große Familie; für meinen Mann, meine Kinder und Enkelkinder.
Dank sei Dir, dass es uns so gut geht, wir sind gesund oder nicht wesentlich krank.
Dank für die Mensche in unserer Nähe; für die Nachbarn,

mit denen wir gut auskommen, für die Männer und Frauen, mit denen wir Gemeinschaft und unsere Gemeinde bilden.
Danken muss ich Dir Herr und Dich rühmen,
denn Du hast mich gerufen.
Lob und Dank sei Dir, dass ich glauben und danken kann.
Du kennst mich, und Du weißt, wie schnell ich mich ärgere,
wütend werde und beleidigt bin.
Doch Du hast mir diese Natur und dieses Temperament
gegeben, Du gibst mir auch die Kraft, es anzunehmen
und zu bändigen.
Lob und Dank sei Dir, Herr, auch für unseren Garten,
an dem ich das ganze Jahr meine große Freude habe
und für die reiche Apfelernte.
Lob und Dank sei Dir für unseren brasilianischen Freund
Dalto, dass wir ihn kennen und lieben lernten und mit ihm
die Menschen in den Favelas von Sao Paulo.
Dank für die Reisen, die wir machen können,
weil Du es gut mit uns meinst,
und dass wir anderen Menschen helfen können.
Danken möchte ich auch für meine Schwestern und für
unser Zusammenhalten beim Sterben unserer Eltern.

Lob und Preis und Dank sei Dir für alles. Herr, mein Gott.

Großer Gott, ich danke Dir,
dass Du mich ins Leben gerufen und bis heute
vor schweren Krankheiten bewahrt hast.
Großer Gott, ich danke Dir,
dass Du mich befähigt hast, Freude an Deiner
Schöpfung zu empfinden.
Großer Gott, ich danke Dir,
dass ich Musik genießen kann und gerne singe.

Großer Gott, ich danke Dir,
dass ich neugierig bin auf fremde Kulturen,
besonders im Vorderen Orient.
Großer Gott, ich danke Dir,
dass ich eine große Familie habe, die mich
mit Freude erfüllt.
Großer Gott, ich danke Dir,
dass ich einen großen Freundeskreis habe und
Menschen, die mir vertrauen und denen ich
vertrauen kann.
Großer Gott, ich danke Dir,
dass Du mich gelehrt hast, immer Deiner Führung
zu vertrauen.
Großer Gott, ich danke Dir,
dass Du mich befähigt hast, mit offenen Augen
die Not meiner Mitmenschen zu sehen und,
wo es möglich ist, zu helfen.
Großer Gott, ich danke Dir,
dass Du mich immer wieder zu Gebet
und Gottesdienst rufst.
Großer Gott, für all das und noch viel mehr danke ich Dir.

„Herr, ich will Dir danken, dass ich danken kann."

Ich bin an Leib und Seele gesund!
Danke!
Ich hatte gesunde Eltern und Großeltern.
Danke!
Ich hatte immer Menschen in meiner Nähe,
die mich führten, aber nie verführten.
Danke!
Ich hatte immer Freunde / Freundinnen, war nie
in meinem Leben einsam.
Danke!

Der Glaube an Gott ist mein größtes Geschenk. Ich kann mir ein Leben ohne Gott nicht vorstellen.

Danke!

Ich bin bereit, mich bis zu einer gewissen Grenze in Frage zu stellen, lass mir aber nicht das Wasser abgraben.

Danke!

Ich danke Dir für meine Sensibilität, die mich befähigt, zwischen den Zeilen zu lesen, Ungesagtes zu erspüren.

Danke!

Ich leide an den Mängeln unserer Kirche, ich leide an den Mängeln unserer Pfarrgemeinde, gerate aber nicht in die Versuchung, in Weltuntergangstimmung zu resignieren.

Danke!

Ich bin nicht besser als andere Menschen,
aber ich glaube, ich bin „besser dran"!

Danke!

Lieber Gott, ich danke Dir für alles,
was Du mir im Leben geschenkt hast.
Ich danke Dir auch für das Schwere in meinem Leben,
an dem ich besonders gereift bin.
Ich weiß mich im tiefsten Herzen von Dir getragen.

Ich danke Dir Herr Jesus Christ, dass ich in dieser Zeit lebe, in der ich Ich selber sein darf und nicht den Zwängen anderer unterworfen bin. Wo ich meinen eigenen Weg gehen darf und nicht tun muss, was „man" tut.

Ich danke Dir, dass ich ein festes Haus habe und nicht obdachlos bin.

Ich danke Dir, dass ich noch gehen und sehen kann, den schönen herbstlichen Wald bewundern kann und einen Blick für die kleinen Dinge (Blumen und Pilze) habe.

Gott, Du hast mich auf meinem Weg begleitet,
auch wenn er nicht immer geradeaus ging.

Danke!

Für Menschen, denen ich vertrauen darf und
besonders für eine Frau, die mir heute zugehört hat,
als es mir ganz „dreckig" ging.

Danke!

Für Menschen, die mir vertrauen und denen ich
dadurch helfen konnte.

Danke!

Für das Geschenk unserer drei Kinder, auf die wir
10 lange Jahre warten mussten, die uns viel Freude
bereitet haben und ihren Weg gefunden haben.

Danke!

Für einen Sohn, der eine junge Frau geheiratet hat,
die „Ja" zu ihrem Kind gesagt hat, und den beiden
nun Liebe und ein Zuhause schenkt.

Danke!

Für die kleine Jana,
die uns so viel Freude bereitet.

Danke!

Für eine wunderschöne Fahrt, die uns unsere Kinder
zum 40. Hochzeitstag geschenkt haben.

Danke!

Für eine junge Frau, die ich dabei kennen- und
schätzen gelernt habe.

Danke!

Für die Weisheit und Herzlichkeit alter Menschen,
denen ich die Krankenkommunion bringe.

Danke!

Für die vielen jungen Menschen, denen ich bei der
Vorbereitung auf die Beichte und Erstkommunion
begegnet bin.

Danke!

Dafür, dass mein Mann und ich gesund sind.

Danke!

Für eine besonders gute Freundschaft.

Danke!

Für die Natur, die mir so viel Freude macht,
wo ich spüre, dass Du da bist Gott.

Danke!

Für viele Dinge, die ich umsonst geschenkt
bekomme und mich darüber freuen kann.

Danke!

Für die Eucharistie, besonders auch an Werktagen,
aus der ich Kraft und Hilfe für den Alltag schöpfe.

Danke!

Für die Fähigkeiten, die ich geschenkt bekommen
habe und sie einsetzen kann.

Danke!

Für mein Lachen, das ich trotz negativer
Erfahrungen nie verlernt habe.

Danke!

Dafür, dass ich danken kann.

Danke!

Guter Gott,
ich danke Dir dafür,
dass Du die lange Zeit der
Wut und des Zornes gegen
Dich ausgehalten hast,
dass Du auf mich geduldig
gewartet hast, bis ich wieder
so weit war – bereit war –,
mich Dir wieder zuzuwenden.
Ich danke Dir für Deine
Begleitung durch alle Phasen
meines Lebens.

Dank-Litanei für den heutigen Tag

Danke dem Herren, denn er ist gütig
und seine Huld währt ewig!

Dank dem,
der mich in seiner Hand hält,
danke
der mir eine erholsame Nacht schenkte,
danke
der mir gute Verdauung und Gutes zum Verdauen gibt,
danke
der mich frei schwimmen lässt im Hallenbad,
danke
der mich teilnehmen lässt am Morgenlob,
danke
der mich umfängt mit seiner Ruhe,
danke
der mich atmen lässt,
danke
der mich sehen, hören, fühlen lässt,
danke
der mich keine Schmerzen spüren lässt,
danke
der mir Stimme gibt zum Sprechen und Singen,
danke
der mich leichtfüßig gehen lässt,
danke
der den gedeckten Tisch für mich bereithält,
danke
der mir Freude schenkt an schöner Musik,
danke
der liebe Menschen an meine Seite lenkt,
danke
der durch viele gute Gedanken unsere Arbeit befruchtet,
danke

der mir die nötige Ruhe zur Mittagszeit schenkt,
danke
der mich begleitet auf meinem Spaziergang,
danke
der mich die herbstliche Landschaft von meinem Zimmerfenster aus sehen lässt,
danke
der mich das Wolkenspiel bei eintretender Dämmerung bewundern lässt,
danke
der meinen Träumen Flügel wachsen lässt,
danke
der mich in Gedanken mit lieben Menschen zusammenführt,
danke
der mir einen Schutzengel zur Seite stellt,
danke
der mich einlädt zu inniger Vereinigung in der Eucharistie,
danke
der mich mit Freude an den Exerzitien teilnehmen lässt,
danke
der mir ein dankbares Herz gibt,
danke.

Danke, dass ich Dir danken kann.

Dank-Psalm

Danke, Gott, mein Ursprung
mein Retter
mein Namensgeber: Geschenk Gottes.

Danke, Gott, für Deine Nähe
für Deine Entschiedenheit
für Deine Zuversicht.

Danke, Gott, für meine Familie
für meine Freunde
für meine Freundinnen.

Danke, Gott, für mein Vertrauen
für meine Freude
für meine Gaben.

Danke, Gott, für meinen Weg, den Du begleitest
für meine Sorgen, die Du kennst
für meine Pläne, die Du im Blick hast.

Danke, Gott, für die Aufgaben, die Du mir anvertraust
für die Menschen, denen ich begegne
für alles, was Du mir zu tragen zutraust.

Lob und Dank dem Herrn allezeit!

Lob und Dank dem, der mich geschaffen.
Lob und Dank dem Herrn allezeit!
Lob und Dank dem, der mich bis heute wunderbar begleitet hat.
Lob und Dank dem Herrn allezeit!
Der mir ein gutes Elternhaus und eine ganz liebe Patentante gab.
Lob und Dank dem Herrn allezeit!
Der mir eine Mutter gab, der die Ausbildung ihrer vier Töchter über alles ging.
Lob und Dank dem Herrn allezeit!
Der mir vier gute, ehrliche und gesunde Kinder schenkte.
Lob und Dank dem Herrn allezeit!
Der mich im Leid und Verlust nicht verzweifeln ließ.
Lob und Dank dem Herrn allezeit!
Der mir das grenzenlose Vertrauen eines Menschen geschenkt hat.
Lob und Dank dem Herrn allezeit!
Der mir Augen gegeben hat, die kleinsten Dinge in seiner Schöpfung zu entdecken.
Lob und Dank dem Herrn allezeit!
Der mir Gedanken und Ideen gibt, die ich verwirklichen kann, und die anderen dann gut tun.
Lob und Dank dem Herrn allezeit!
Der mich – schon mehrere Male – zur rechten Zeit den Regenbogen sehen ließ.
Lob und Dank dem Herrn allezeit!
Der mich das Essen appetitvoll genießen lässt.
Lob und Dank dem Herrn allezeit!
Der mich staunen und still werden lässt.
Lob und Dank dem Herrn allezeit!
Der mir diesen Tag geschenkt hat.
Lob und Dank dem Herrn allezeit!

Dank-Psalm

- Dass du mir das Leben gabst – *Danke*
- Dass ich ein gutes Elternhaus hatte – *Danke.*
- Dass ich in der kath. Jugend beheimatet war – *Danke.*
- Dass ich nach der Schulzeit einen guten Beruf erlernen konnte – *Danke.*
- Dass ich den Krieg heil überstand – *Danke.*
- Dann kam die schwere Krankheit über Jahre hinaus – *Hilf mir Gott*
- Wenn ich mich besser fühlte – *Danke.*
- Wenn es wieder schlimmer wurde – *Hilf mir Gott.*
- Als ich meinen Partner kennenlernte – *Danke.*
- Dass er mich trotz der Krankheit heiratete – *Danke.*
- Dass uns drei Kinder geschenkt wurden – *Danke.*
- Als die Krankheit erneut ausbrach – *Hilf mir Gott.*
- Dass ich die lange Zeit des Sanatoriums überstand – *Danke.*
- Dass ich heimkehren konnte zu meinen Lieben – *Danke.*
- Dass unsere Ehe gut war – *Danke.*
- Dass unsere Kinder fröhlich heranwachsen konnten – *Danke.*
- Als ich Diabetikerin wurde – *Hilf mir Gott.*
- Als unser jüngster Sohn verunglückte – *Hilf mir Gott.*
- Dass wir das Leid gemeinsam tragen konnten über viele Jahre – *Danke.*
- Dass mein Mann in seinem Lehrerberuf glücklich war – *Danke.*
- Als unser Sohn auf falsche Wege geriet – *Hilf mir Gott.*
- Dass unsere Tochter ihr Berufsziel erreichte – *Danke.*
- Dass sie später einen guten Partner fand – *Danke.*
- Dass unser Sohn wieder zurückfand – *Danke.*
- Dass uns zwei Enkelkinder geschenkt wurden – *Danke.*
- Dass meine Mutter in Frieden starb – *Danke.*
- Dass wir nach der Pensionierung meines Mannes noch zehn erfüllte Jahre hatten – *Danke.*

- Als mein Mann plötzlich starb und ich den Boden unter den Füßen verlor – *Hilf mir Gott.*
- Dass ich mein Leben wieder in den Griff bekam, obwohl ich immer noch auf der Suche nach Dir bin – *Danke.*
- Dass mein Sohn eine gute Frau bekam – *Danke.*
- Dass mein Verstand noch klar ist, trotz vieler Vergesslichkeiten – *Danke.*
- Dass ich mich wieder freuen kann – über die Freunde, über die Familie, über die Natur und über die Sterne am Himmel – *Danke!*

Ein Danklied von mir für Dich, mein Gott

Dass ich geboren bin,
dafür danke ich Dir.
Für eine glückliche Kindheit und Jugend,
dafür danke ich Dir.
Ich konnte einen Beruf ergreifen,
der mir Freude machte,
dafür danke ich Dir.
Einen Mann fand ich, der mir Liebe und
Geborgenheit schenkte,
dafür danke ich Dir.
Fünf gesunde Kinder hielten mein Leben
in Schwung,
dafür danke ich Dir.
In mehreren Operationen warst Du mit
Deinem Trost bei mir,
dafür danke ich Dir.
Von Deiner schönen Erde durfte ich
einige Herrlichkeiten sehen,
dafür danke ich Dir.

Du hieltest mich im Arm,
als Hermann starb,

dafür danke ich Dir.

Für die viele Zuneigung, die ich von
Familie und Freunden empfing,

dafür danke ich Dir.

Dass trotz aller Erziehung die Kinder
sich zu Prachtstücken entwickelt haben,

dafür danke ich Dir.

Und dass ich immer noch so gern lebe,

dafür danke ich Dir.

[Da sich eine größere Anzahl von Gebeten mit Psalm 136 auseinander setzt bzw. sich an dessen Struktur anlehnt, wird dieser in die Sammlung eingefügt.]

Psalm 136

Danket dem Herrn, denn er ist gütig,
denn seine Huld währt ewig.
Danket dem Herrn aller Götter,
denn seine Huld währt ewig.
Danket dem Herrn aller Herren,
denn seine Huld währt ewig.
Der allein große Wunder tut,
denn seine Huld währt ewig,
der den Himmel geschaffen hat in Weisheit,
denn seine Huld währt ewig,
der die Erde über den Wasser gegründet hat,
denn seine Huld währt ewig,
der die großen Leuchten gemacht,
denn seine Huld währt ewig,
die Sonne zur Herrschaft über den Tag,
denn seine Huld währt ewig,

Mond und Sterne zur Herrschaft über die Nacht,
denn seine Huld währt ewig.
Der die Erstgeburt der Ägypter schlug,
denn seine Huld währt ewig,
und Israel herausführte aus ihrer Mitte,
denn seine Huld währt ewig,
mit starken Hand und erhobenem Arm,
denn seine Huld währt ewig,
der Schilfmeer zerschnitt in zwei Teile,
denn seine Huld währt ewig,
und Israel hindurchführte zwischen den Wassern,
denn seine Huld währt ewig,
und den Pharao ins Meer stürzte samt seinem Heer,
denn seine Huld währt ewig.
Der sein Volk durch die Wüste führte,
denn seine Huld währt ewig,
der große Könige schlug
denn seine Huld währt ewig,
und mächtige Könige tötete,
denn seine Huld währt ewig,
Sihon, den König der Amoriter,
denn seine Huld währt ewig,
und Og, den König von Baschan,
denn seine Huld währt ewig,
und der ihr Land zum Erbe gab,
denn seine Huld währt ewig,
der es Israel gab, seinem Knecht,
denn seine Huld währt ewig.
Der an uns dachte in unserer Erniedrigung,
denn seine Huld währt ewig,
und uns den Feinden entriss,
denn seine Huld währt ewig,
der allen Geschöpfen Nahrung gibt,
denn seine Huld währt ewig.
Danket dem Gott des Himmels,
denn seine Huld währt ewig.

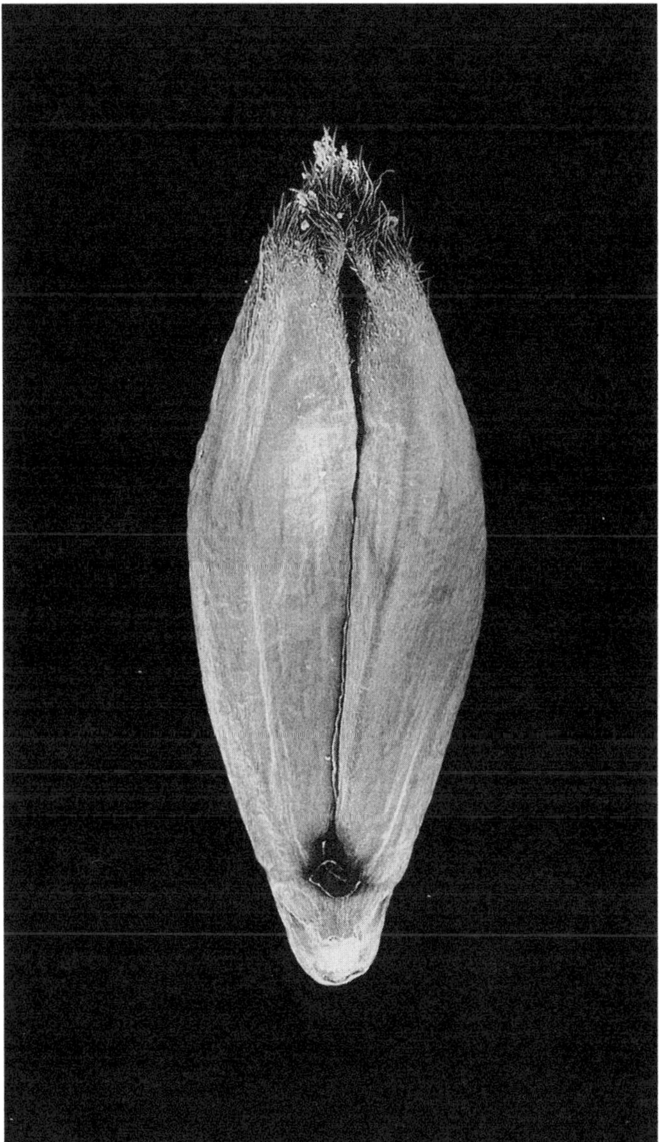

Danken will ich dem Herrn, der mich umgibt und trägt!

- Du ließest mich werden und behütetest mich in Kriegs- und Nachkriegszeit.
- Ich wurde durch die Taufe Dein Kind.
- Meinen Eltern gabst Du Mut und Kraft, ihren christlichen Glauben schlicht zu leben.
- Lehrer, Freunde zeigten mir meine Fähigkeiten und Talente.

Dem Herrn sei Dank!

- Für meinen liebevollen Ehemann – Partner.
- Gesunde Kinder wurden uns geschenkt.
- Sie entwickelten sich gut und sind Menschen mit wachem Blick.
- Tiefe Tiefs und jubelnde Zeiten erlebte ich – erlebten wir. Du bist „mit uns“ gewesen.

Danken will ich dem Herrn!

- In dürren Jahren gabst Du mir Menschen zur Seite, die „frohmachende Botschaft“ verkündeten und lebten.
- Bei Enttäuschungen und Verletzungen an Leib und Seele warst Du bei mir.
- Für neue Aufgaben, Impulse, Umbrüche, gabst Du mir Mut, nahmst mir Schwellenängste.

Dank sei dem Herrn!

- Für die Sternstunden meines Lebens, Bergtouren, menschliche Begegnung, Freude an Deiner Schöpfung.
- Für Stunden vor und auf der Intensiv-Station.
- Für Ideen, Kraft unser Leben neu zu gestalten.
- Für die Güte, gemeinsame Zeit.

Danken und loben will ich den Herrn!

Loben und preisen will ich den Herrn:

- Für unser gesundes, frohes Enkelkind.
- Für die tief gehende Tauffeier unseres Enkelkindes.

Meine Hoffnung setze ich auf den Herrn.
Er wird mein – unser – Leben und das meiner Lieben vollenden und zur Fülle werden lassen.

Loben und preisen will ich den Herrn!

Gott! Mein Gott bist Du!

Du bist mir nahe.

Dafür danke ich Dir.

Du gabst mir gute Eltern und Großeltern, gute Lehrer und gute Seelsorger.

Dafür danke ich Dir.

Du gabst mir gute Freunde und Wegbegleiter in meiner Jugendzeit.

Dafür danke ich Dir.

Du gabst mir Gesundheit, Zufriedenheit und Sicherheit, jeden Tag neu.

Dafür danke ich Dir.

Du gabst mir gute Freunde und spürbare Hilfe in der Not.

Dafür danke ich Dir.

Du gabst mir einige – nicht immer erfreuliche – Hinweise, damit ich zu Ruhe und Besinnung kam.

Dafür danke ich Dir.

Du gibst mir jeden Tag neue Kraft, Liebe und Zuwendung.
Ich spüre Deine Nähe.

Gott! Mein Gott bist Du!
Dank, Preis und Ehre Dir, jetzt und allezeit!

„Ich will Dir danken, weil Du meinen Namen kennst – Gott meines Lebens."

Ja,

danken will ich Dir von Herzen für mein bis hierher so glückliches und erfülltes Leben,

dankbar schaue ich zurück auf meine Kindheit, auf mein Elternhaus,

danken will ich für den Platz unter meinen Schwestern (als Jüngste!),

danken, dass ich so viele Möglichkeiten bekam von Dir, Gott, zu hören, Dich mehr und mehr kennen zu lernen, Dich zu erahnen und zu erspüren,

danken will ich, dass mir Menschen begegneten, die ich fragen konnte, als mich Unsicherheiten und Zweifel bedrückten,
dass mir hin und wieder ein Licht aufging,
dass ich Einsichten in Glaubensfragen gewinnen konnte,
dass ich Weite erfahren durfte,
dass ich mit meinem Mann zusammen auf diesem Weg im Glauben unterwegs sein kann,

danken will ich für unsere Kinder, die unser Leben – trotz aller Sorgen und Auseinandersetzungen – so reich gemacht haben,

danken will ich Dir, Gott, dass ich erleben darf, wie sie bei aller Verschiedenheit, bei aller Kritik an Elternhaus und Kirche, doch einiges Wesentliche mit in ihre eigenen Familien hineingenommen haben.
So vertraue ich, dass ihr Leben und das ihrer Kinder gelingen wird – mit Deiner Hilfe.

Gott, Dich will ich loben und preisen, Dir will ich danken, solange ich lebe.

Herr, ich danke Dir!

Herr, Du warst und bist immer mein
Wegbegleiter, *dafür danke ich Dir!*
Herr, Du hast mich wachgerüttelt,
als ich an Dir zweifelte, *dafür danke ich Dir!*
Herr, ich fühle mich bei Dir geborgen,
denn Du hältst schützend Deine Hand
über mich, *dafür danke ich Dir!*
Herr, Du zeigst mir immer wieder
den richtigen Weg, *dafür danke ich Dir!*
Herr, für die guten Menschen,
die in der Not zu mir
gestanden haben, *danke ich Dir!*

Danke dem Herrn für seine Allmacht und Güte!

Der die Sonne zur Herrschaft über den Tag!
Mond und Sterne zur Herrschaft der Nacht,
Deine Huld währt ewig!

Herr, ich suche Zuflucht bei Dir,
ich weiß, Du lässt mich niemals scheitern!
Rette mich in Deiner Gerechtigkeit!
Denn Du bist mein Fels und meine Burg,
um Deines Namens Willen wirst Du mich führen!

*Danket dem Herrn für seine Güte und Macht
und Allmacht!*

Herr, mein Gott!

Wie oft war ich in tiefer Not. Ich habe geklagt und gebetet.
Manchmal dachte ich, Du hörst mich nicht, aber doch
habe ich gespürt, dass Du mir nahe warst.
Viele Jahre habe ich viel Kraft haben müssen,
und Du hast sie mir gegeben.
Dafür danke ich Dir.
Dann kam eine Zeit, in der es mir wieder gut ging;
eine Zeit voller Freude und Glück.
Dafür danke ich Dir aus ganzem Herzen.
Und jetzt, da ich wieder durch ein tiefes Tal gehen muss,
richtest Du mich langsam wieder auf.
Auch dafür danke ich Dir.
Trotz aller Traurigkeit im Herzen spüre ich doch
Deine Güte und Liebe.
Ich möchte Dir danken für mein Leben, so wie es ist.
Wenn ich auch Deine Wege nicht immer verstehe.

Mein erster Psalm

Herr, in Deiner Nähe ist Ruhe und Stille,
wenn mir Lebensraum genommen wird.
Du erschließt und zeigst neue Wege.
Du öffnest Türen und sagst, wo es lang geht.
Sprudelndes Wasser schießt mir entgegen.
Auch in der Nacht rauscht es verhalten in meinem Ohr.
Warum sollten meine Blätter welken?
Was trocken ist, schneidest Du heraus.
Neues kann wachsen.
Ich danke Dir, dass Du mich hältst und lenkst.
Dir sei die Ehre in Ewigkeit.
Amen.

Nach Psalm 136

Danket dem Herrn, lobsinget ihm;
denn Er ist da.
Vertraut auf den Herrn;
denn Er ist da.
Wir brauchen uns nicht zu fürchten;
denn Er ist da.
Wir brauchen nichts allein zu tun;
denn Er ist da.
Die Last unseres Lebens wird uns nicht zerstören;
denn Er ist da.
Ich rufe seinen Namen an;
denn Er ist da.
Er löscht meinen Durst;
denn Er ist da.
Er gibt mir Speise zur rechten Zeit;
denn Er ist da.
Immer wieder bekomme ich neue Kraft;
denn Er ist da.
Ich werde nicht erlahmen;
denn Er ist da.
Ich kann alles in seine Hände geben;
denn Er ist da.
Du liebst jeden Menschen ohne Vorbehalt,
ich danke Dir.
Du nimmst mich unter Deinen Schutz,
ich danke Dir.
Du sagst mir, dass ich brauchbar bin,
ich danke Dir.
Du willst, dass ich auf meine Weise von Dir rede,
ich danke Dir.
Dir sei Lob und Dank in Ewigkeit.
Amen.

Gott, Du unendliches Du

Ich will Dir danken – Gott, Du unendliches Du,
hast mich ins Dasein gerufen,
hast mich errettet aus den Bombennächten,
aus den Schrecken des Krieges,
aus der Hungersnot der Nachkriegszeit.

Ich will Dir danken – Gott, Du unendliches Du,
dass ich die große Liebe erfahren durfte,
mit meinem Partner war alles leicht,
das Glück der Familie, auch das Leid,
danke für die Tochter, danke für den Sohn,
mit Deiner Hilfe haben wir auch die Krisen gemeistert.

Ich will Dir danken – Gott, Du unendliches Du,
in schwerer Krankheit standest Du uns bei,
obwohl Dein Weg anders war als unser Wollen.
In der Todesstunde meines Mannes
gabst Du mir Kraft.
Menschen – Freundinnen und Freunde standen
an meiner Seite.

Ich will Dir danken – Gott, Du unendliches Du,
mit Deiner Hilfe konnte ich nach Leid und Trauer
einen Neubeginn wagen,
„Du hast mein Klagen in Tanzen verwandelt“ (Ps 30).

Ich will Dir danken – Gott, Du unendliches Du.

Blick auf mein Leben

Danken und frohlocken will ich,
dass Du mich in meine große Familie hineingeboren hast,
für mein Studium und meinen Beruf.

Ich will Dir ein Danklied singen
für 38 Jahre mit meinem Mann,
für unsere Kinder und Enkelkinder.

Gott, unsere Zuflucht und Stärke.
Lebten wir auch einige Jahre sorgenvoll wegen einer
selten auftretenden Krankheit meines Mannes,
hattest Du Erbarmen und hast ihn unerwartet
heimgeholt.
Dank für Deine Gnade.

Du hast mein Klagen in Tanzen verwandelt:
Danken will ich für neue Chancen und Lebenskraft.

Lobsingen will ich Dir für viele Menschen,
die mir nahe stehen.

Wohl denen, die wohnen in Deinem Haus.
Preis und Dank, dass ich in Deine Kirche hineingeboren bin
und in ihr mitarbeiten darf.

Jubeln, singen und danken will ich für viele gute
Besinnungswochen in Kevelaer.

Dank dem Herrn – sein JA zu mir gilt immer!

Dank dem Herrn, denn er ist gut zu mir:
Sein JA zu mir gilt immer!
ER gab meinen Eltern die Liebe ins Herz –
zueinander und zu mir:
Sein JA zu mir gilt immer!
ER ließ mich aufwachsen mit drei Brüdern
und drei Schwestern:
Sein JA zu mir gilt immer!
ER schenkte mir eine gute Zeit des
Miteinanders in unserer Familie:
Sein JA zu mir gilt immer!
ER gab mir Kinder in der Nachbarschaft,
mit denen ich spielen und froh sein konnte:
Sein JA zu mir gilt immer!
ER schenkte mir einen aufgeweckten und wachen
Verstand, so dass ich in der Schule gut mitkam:
Sein JA zu mir gilt immer!
ER half mir, als ich mit elf Jahren Abschied nehmen
musste von Vertrautem und wegzog
in eine andere Stadt:
Sein JA zu mir gilt immer!
ER begleitete mich durch meine
Kinder- und Jugendzeit:
Sein JA zu mir gilt immer!
ER gab mir Menschen zur Seite, die Vorbilder für mich
waren bei meiner eigenen Berufsfindung:
Sein JA zu mir gilt immer!
ER war bei mir in 17 Jahren als Erzieherin:
Sein JA zu mir gilt immer!
ER war bei mir in guten Zeiten, als mein Patenkind Bastian
geboren wurde und meine zehn anderen Nichten und
Neffen, als meine Eltern dankten für 25 gemeinsame
Ehejahre, als meine Freundin heiratete:
Sein JA zu mir gilt immer!

ER war auch in traurigen Zeiten bei mir, als mein Bruder
jung verstarb und zwei Geschwistern sich scheiden ließen,
als ich selbst in einen schweren Konflikt geriet:
Sein JA zu mir gilt immer!
ER zeigte mir einen neuen Weg,
als ich einen anderen Beruf erlernte:
Sein JA zu mir gilt immer!
ER ging mit an den Ort meiner Ausbildung und war da,
wenn ich mich dort einsam und allein fühlte:
Sein JA zu mir gilt immer!
ER schenkte mir die Nähe von Menschen,
die mich begleiteten und mir halfen,
neue Fähigkeiten in mir zu entdecken:
Sein JA zu mir gilt immer!
ER gab mir die Kraft, Prüfungen zu bestehen:
Sein JA zu mir gilt immer!
ER schenkte mir Freude daran,
in SEINEM Dienst zu stehen:
Sein JA zu mir gilt immer!
Er machte mir Mut, auch in schwierigen Zeiten
SEIN Wort zu leben und zu verkünden:
Sein JA zu mir gilt immer!
ER ist auch bei mir an dem Ort, wo ich nun lebe
und arbeite:
Sein JA zu mir gilt immer!
ER gab und gibt mir Gedanken ins Herz,
wie ich mit und
für Menschen da sein kann:
Sein JA zu mir gilt immer!
Er schenkte mir Freunde und Freundinnen,
auf die ich mich verlassen kann in frohen
und schweren Situationen:
Sein JA zu mir gilt immer!
ER ließ mich nicht allein, als ich krank wurde und
nicht wusste, wie es weitergehen wird:
Sein JA zu mir gilt immer!

ER war da für mich. –
ER ist da für mich. –
ER wird immer da sein für mich. –
Dank sei dem Herrn, meinem Gott, denn er ist gut zu mir.
Sein JA zu mir gilt immer!

Herr, ich will Dir danken

für Deine Liebe, die mich umgibt und trägt.
Ich wusste noch nichts von Dir,
da war sie schon Bestandteil meines Lebens,
spürbar für mich durch Menschen,
die Du an meine Seite gestellt hast.
Immer gab es diese Menschen –
meine Eltern, Großeltern und Geschwister,
meinen Mann und meine vier Töchter, meine Freunde.

Es gab Zeiten, Tiefen in meinem Leben,
die mich von diesen Menschen innerlich trennten
und auch von Dir, Herr.
Ich verlor meinen Halt, war einsam und sprachlos –
auch inmitten von Leuten allein, isoliert,
handlungsunfähig.

In diesen Situationen hast Du, Herr,
mir das Geschenk der Erfahrung gemacht,
dass mich Menschen achten und lieben,
mir Gesicht und Wert geben.

Es waren nicht immer die Menschen,
auf die ich gewartet und gehofft habe.
Auch gerade das war gut und stellte mir den Menschen
zur Seite, der jetzt in meinem Leben ein helles Licht
und Halt ist.

Dafür preise ich Dich, Herr, denn Du stehst mit Deiner Liebe hinter diesem Menschen.

Diese Gewissheit trägt und prägt mich.
Nie will ich das vergessen.
Immer will ich Dir, Herr, dafür danken.

Rühmen will ich den Namen Gottes, dankbar die Knie vor IHM beugen

DU gabst mir eine liebevolle Kindheit.
Dank sei DIR.
DU zeigtest mir den richtigen Berufsweg.
Dank sei DIR.
DU segnetest mich mit gesunden Söhnen.
Dank sei DIR.
DU ließest mich Jahre im Überfluss genießen.
Dank sei DIR.
DU warst bei mir in Jahren der Verzweiflung.
Dank sei DIR.
DU gingst mit mir in Jahren der Hoffnungslosigkeit.
Dank sei DIR.
DU zeigtest mir den Weg aus der Mutlosigkeit.
Dank sei DIR.
DU schenktest mir Menschen, die mich annehmen, wie ich bin.
Dank sei DIR.
DU ermutigst mich, weiter an mir zu arbeiten.
Dank sei DIR.

DU hörst mich, wenn ich DEINEN Namen singe in verschiedenen Sprachen mit Herz, Verstand und Bauch, laut und dankbar in Ewigkeit.

DU

Ich weiß nicht mehr weiter
und DU, Herr, sagst:
Ich zeige dir den Weg.

Ich kann nicht mehr
und DU sagst:
Ruh dich erst einmal aus.

Ich will nicht mehr
und DU sagst:
Ich helfe dir.

Niemand versteht mich
und DU sagst:
Ich helfe dir. Ich weiß Bescheid.

Ich verstehe DICH nicht
und DU sagst:
Das brauchst du auch nicht.

Ich rufe leise und ich rufe laut
und DU sagst:
Ich höre dich immer.

Ich vernehme keine Antwort
und DU sagst:
Der Lärm übertönt meine Stimme.

Ich suche
und DU sagst:
Nimm mich.

DU bist da, mein Gott.

Gebete im Fluss der Tradition

Das Gebet,
das ein Mensch mit aller seiner Macht leistet,
hat eine große Kraft.

Es macht ein sauer Herze süß, ein traurig Herze froh,
ein armes Herze reich, ein töricht Herze weise,
ein ängstliches kühn, ein krankes Herze stark,
und ein blindes sehend und eine kalte Seele brennend.

Es zieht den großen Gott hernieder
in ein kleines Herz
und treibt die hungrige Seele hinauf
zu dem reichen Gott.

MECHTHILD VON MAGDEBURG († 1284/94)

Der Ball des Gehorsams

Um gut tanzen zu können,
braucht man nicht zu wissen, wohin der Tanz führt.
Man muss ihm nur folgen,
darauf gestimmt sein,

schwerelos sein –
und vor allem: man darf sich nicht versteifen.

Die Tanzschritte zu kennen hilft nicht weiter.
Es geht vielmehr darum, dass wir – ganz lebendig pulsierend
einschwingen in den Rhythmus, den Du auf uns überträgst.

Man darf nicht um jeden Preis vorwärts kommen wollen.
Manchmal muss man sich drehen oder seitwärts gehen.
Und man muss auch innehalten können –
oder gleiten, anstatt zu marschieren.
Und das alles wären ganz sinnlose Schritte,
wenn die Musik nicht eine Harmonie daraus machte.

Wir aber, wir vergessen so oft die Musik Deines Geistes.
Wir haben aus unserem Leben eine Turnübung gemacht.
Wir vergessen, dass es in Deinen Armen getanzt sein will,
dass Dein heiliger Wille von unerschöpflicher Phantasie ist.
Und dass es monoton und langweilig
nur für grämliche Seelen zugeht,
die als Mauerblümchen sitzen am Rand
des fröhlichen Balls Deiner Liebe ...

Wenn wir wirklich Freude an Dir hätten, mein Gott,
könnten wir dem Bedürfnis zu tanzen nicht widerstehen,
das sich über die Welt hin ausbreitet;
und wir könnten sogar erraten,
welchen Tanz Du getanzt haben willst,
indem wir uns den Schritten Deiner Vorsehung
überließen.

Madeleine Delbrél (1904–1964)

Wunderbare Weisheit

Gott,
Du weißt besser als ich, dass ich von Tag zu Tag älter werde – und eines Tages alt.
Bewahre mich vor der Einbildung,
bei jeder Gelegenheit etwas sagen zu müssen.
Erlöse mich von der großen Leidenschaft,
die Angelegenheiten anderer ordnen zu wollen.
Lehre mich, nachdenklich – aber nicht grüblerisch –
und hilfreich – aber nicht diktatorisch – zu sein.
Bei meiner ungeheuren Ansammlung von Weisheit
erscheint es mir ja schade, sie nicht weiterzugeben –
aber Du verstehst, oh Gott, dass ich mir ein paar befreundete Menschen erhalten möchte.
Bewahre mich vor der Aufzählung endloser Einzelheiten
und verleihe mir Schwingen, zur Pointe zu kommen.
Lehr mich schweigen über meine Krankheiten und Beschwerden.
Sie nehmen zu – und die Lust, sie zu beschreiben, wächst von Jahr zu Jahr.
Ich wage nicht, die Gabe zu erflehen,
mir Krankheitsschilderungen anderer mit Freude anzuhören,
aber lehre mich, sie geduldig zu ertragen.
Lehre mich die wunderbare Weisheit, dass ich mich irren kann.
Erhalte mich so liebenswert wie möglich.
Ich möchte keine Heilige sein – mit diesen lebt es sich so schwer,
aber eine alte Nörglerin ist das Krönungswerk des Teufels.
Lehre mich, an anderen Menschen unerwartete Talente zu entdecken –
und verleihe mir, oh Gott, die schöne Gabe, sie auch zu erwähnen.

Teresa von Avila (1515–1582)

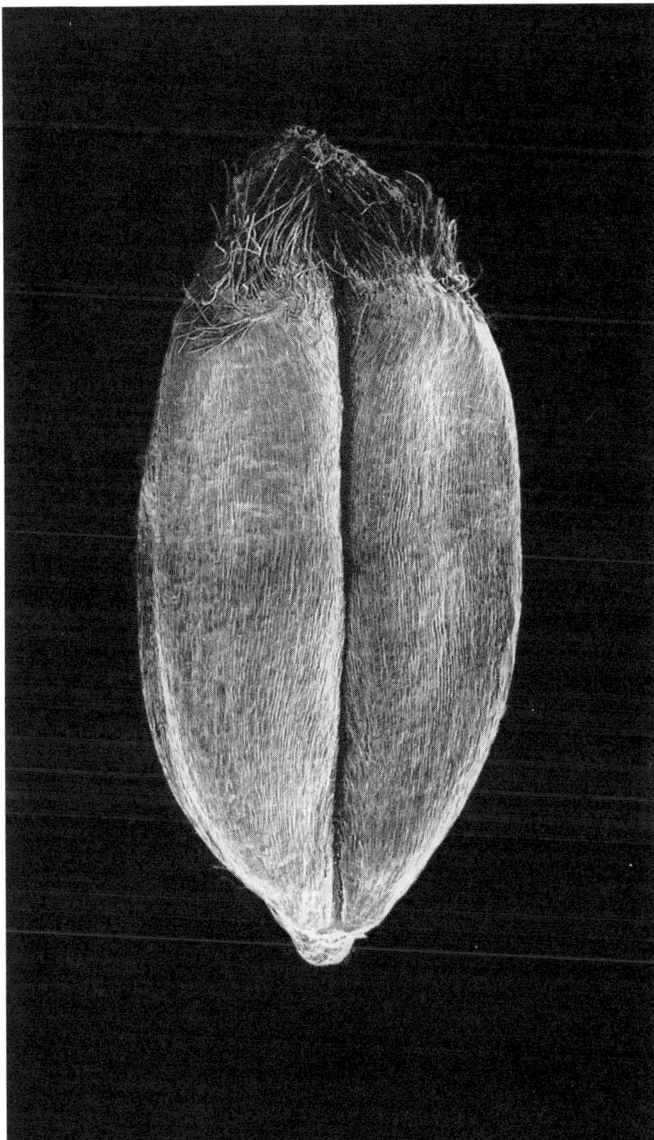

Du Gott

Du Gott,
aus der Tiefe
meines Leids
rufe ich nach dir.

Du Gott,
lass mich im Meer
der Traurigkeit
nicht versinken.

Du Gott,
lass die Berge
des Elends nicht
auf mich stürzen.

Du Gott,
lass die Lawine
der Sorgen mich
nicht begraben.

Du Gott,
lass das Erdbeben
des Kummers mich
nicht verschütten.

Du Gott,
lass das Tal
der Hoffnungslosigkeit
nicht bodenlos werden.

Du Gott,
lass das Feuer der Selbstaufgabe mich
nicht vernichten.

Du Gott,
lass mich vom Sturm
dieses Lebens
nicht entwurzelt werden.

Du Gott, haue in den Fels
meiner Not ein Loch
und hilf mir heraus.

Gertrud Lorenz

Gebet des Klosters am Rande der Stadt

Jemand muss zuhause sein,
Herr,
wenn Du kommst.
Jemand muss Dich erwarten,
oben auf dem Berg
vor der Stadt.

Jemand muss nach Dir Ausschau
halten
Tag und Nacht.
Wer weiß denn, wann Du kommst.

Jemand muss wachen
unten an der Brücke,
um Deine Ankunft zu melden,
Herr,
Du kommst ja doch in der Nacht
wie ein Dieb.

Wachen ist unser Dienst,
wachen.
Auch für die Welt.

Sie ist so leichtsinnig,
läuft draußen herum
und nachts ist sie auch nicht
zuhause.
Denkt sie daran,
dass Du kommst?
dass Du ihr Herr bist
und sicher kommst?

Herr,
durch meine Zellentüre
kommst Du in die Welt
und durch mein Herz
zum Menschen.
Was glaubst Du, täten wir sonst?

Wir bleiben, weil wir glauben.
Zu glauben und zu bleiben
sind wir da, –
draußen
am Rande der Stadt.

Herr,
jemand muss Dich aushalten,
Dich ertragen,
ohne davonzulaufen.
Deine Abwesenheit aushalten,
ohne an Deinem Kommen
zu zweifeln.
Dein Schweigen aushalten
und trotzdem singen.
Dein Leiden, Deinen Tod mitaushalten
und daraus leben.
Das muss immer jemand tun
mit allen anderen.
Und für sie.

Und jemand muss singen,
Herr,
wenn Du kommst,
das ist unser Dienst:
Dich kommen sehen und singen.
Weil Du Gott bist.
Weil Du die großen Werke tust,
die keiner wirkt als Du.
Und weil Du herrlich bist
und wunderbar wie keiner.

Silja Walter

HIER UND DORT

HIER
Ein blühender Garten –
Sinnbild
Für
üppig wachsendes
leuchtendes
blühendes Lebens.

DORT
ein großer Stein –
Sinnbild
Für
Verlässlichkeit und Dauer
doch auch
für
unbewegliche
schwere Last.

HIER und DORT
Beides
gehört zum Leben –

bloß
nicht zulassen,
dass die Last
über
das Leben
siegt.

JUDITH MANOK-GRUNDLER

Du hast die Tage und Nächte geschaffen,
die Zeit und die Stunden,
und hast den Lauf der Wasser geordnet
und das Firmament von Himmel und Erde geschaffen.
Und dies alles machtest Du so fest,
dass es sich niemals später von diesem Maß änderte.

MARIA VON OINGIES (1177–1213)

Gott spricht:

Ich, die höchste und feurigste Kraft,
habe jedweden Funken von Leben entzündet,
und nichts Tödliches sprühe ich aus.
Ich leuchte in den Gewässern und brenne in Sonne,
Mond und Sternen. Mit jedem Lufthauch,
wie mit unsichtbarem Leben, das alles erhält,
erwecke ich alles zum Leben.
Die Luft lebt im Grünen und Blühen.

Die Wasser fließen, als ob sie lebten.
Die Sonne lebt in ihrem Licht,
und der Mond wird nach seinem Schwinden
wieder vom Licht der Sonne entzündet,
damit er gleichsam von neuem auflebe.

HILDEGARD VON BINGEN (1098–1179)

Lobgebet

Ich lobe Dich, Herr, errettet
durch Deine Barmherzigkeit.

Ich lobe Dich, Herr, geehrt
durch Deine Erniedrigung.

Ich lobe Dich, Herr, geführt
durch Deine Milde.

Ich lobe Dich, Herr, regiert
durch Deine Weisheit.

Ich lobe Dich, Herr, beschirmt
durch Deine Gewalt.

Ich lobe Dich, Herr, geheiligt
durch Deine Gnade.

Ich lobe Dich, Herr, erleuchtet
durch Dein inneres Licht.

Ich lobe Dich, Herr, erhöht
durch Deine Güte.

MECHTHILD VON MAGDEBURG († 1284/94)

O brennende Flamme des Lebens, Gott, mein Gott,
das ist wahrhaft der überzeugende Beweis Deiner Güte
und Deiner Größe:
das Geschenk, das Du dem Menschen gegeben hast –
Du selbst ganz in allem, bist das Geschenk,
unendliche ewige Dreifaltigkeit.
Und der Ort, wo Du niedergestiegen bist, um Dich
hinzuschenken,
ist die Niedrigkeit unserer Menschennatur, die von Sünden
heimgesucht war.
Ewiger, Dreifaltiger, meine selige Liebe!
Du bist das wahre Licht: so gib uns das Licht!
Du bist die Weisheit, gib uns die Weisheit!
Du bist Stärke, gib uns die Stärke!
Ich bitte: vertreibe unsere Finsternis, dass wir Dich recht
erkennen
und Deiner Wahrheit folgen, einfältig treuen Herzens.

KATHARINA VON SIENA (1347–1380)

Spiel des Heiligen Geistes

Der Heilige Geist gießt auch
in Fülle aus seiner Liebe Fluss,
womit er Gnade den Seligen schenkt
und sie mit solcher Fülle tränkt,
dass sie mit Freuden singen,
lieblich lachen und springen,
in sanfter Weise fließen und schwimmen
und fliegen und klimmen
von Chor zu Chor
bis zu den Reiches Höhen empor.

MECHTHILD VON MAGDEBURG († 1284/94)

O Liebe, wie groß wird Dein Licht in der Seele,
und wie feurig ist Dein Schein,
und wie unbegreiflich ist Dein Wunder,
und wie reichhaltig ist Deine Weisheit,
und wie schnell ist Deine Gnade,
und wie stark ist Deine Fessel,
und wie vollkommen ist Dein Wesen,
und wie sanft ist Dein Fluss,
und wie groß ist Deine Speise,
und wie treu ist Dein Wirken,
und wie heilig ist Deine Unterscheidungsgabe!

MECHTHILD VON MAGDEBURG († 1284/94)

Oh, du Liebe! Mein Gott!
Du bist meine schrankenlose und wahre Liebe!
Du bist meiner Erlöser, – von unschätzbarem Wert.
Du bist meine Hoffnung und meine Freude.
Du bist mein höchstes und wertvollstes Gut.

Früh am Morgen will ich vor Dich, mein Gott,
meine teuerste Liebe, hintreten
und ich will Dich betrachten,
denn Du selbst bist meine fortdauernde Schönheit
und Anmut.
Du bist der Durst meines Herzens!
Du bist die völlige Befriedung meines Geistes.
Je mehr ich Dich koste, umso mehr hungert mich!
Je mehr ich Dich trinke, umso mehr dürstet mich!

GERTRUD VON HELFTA (1256–1302)

Gott spricht
Zur hungernden Seele,
die ihn sucht:
tausendmal mehr
hungere ich nach dir
als du nach mir.
Und ich lasse nicht
von dir,
bis ich dich ganz verzehrt
und ganz verschlungen habe
und verbrannt,
bis du ganz eins bist
mit mir,
und ich mich schenken kann,
so ohne Maß,
wie's mich verlangt.

Denn bin ich gleich
Der ewig Ruhende,
So find ich doch nicht Ruhe,
bis ich finde,
wohin ich mich
mit aller Fülle
meines Seins
ergießen kann,
bis ich das Herz
gefunden hab',
das mich ganz
aufnimmt
und sich mir
ganz ergibt.

Assumpta M. Schenkl

Ich trete ein
in Mensch und Tier.
In Baum und Blume,
Rispe, Blatt und Gras,
in Wind und Welle,
Sand und Stein,
in Sonne, Mond und Sterne.

Ich dringe in der Erde Kern
und schwinge mich
mit tausend Flügeln
in die Lüfte,
um alles
zum Klingen zu bringen
von deinem Lob
und letzte Stäubchen
liebend und lobend
heimzubringen
zu dir.
Amen.

Assumpta M. Schenkl

Du Weisheit Gottes

Du, ehrfurchtsvolle Weisheit Gottes!
Wie machtvoll, wie strahlend ist Deine Stimme!
Du rufst ohne Ausnahme alle, die begehren und ersehnen,
zu Dir.
Du wohnst in den Menschen der Demut.
Du liebst, die Dich lieben,
Du richtest die Sache der Armen.
Du wendest Dich voll Huld und Güte allen Menschen zu.
Du verabscheust nichts von dem, was Du geschaffen hast.
Du lässt der Menschen Sünde unbeachtet.
Du wartest voll Sanftmut, dass sie umkehren.

O, Weisheit!
Du trägst in Deiner rechten Hand das Banner der Ewigkeit.
Dir gedeiht alles glücklich.
Du allein – und nur Du – vermagst alles.
Du bleibst stets in Dir und doch machst Du alles neu.
Ja, erneuere mich und mache mich heil in Dir,
damit Du in meiner Seele wohnen kannst.
Du berufst die Gottesfreunde.
Ja, erwirb' mir die Freundschaft Gottes.
Bereite mich, dass ich in der Frühe des Tages auf Dich hoffe
und harre,
damit ich Dich wirklich und wahrhaft finde.
Nimm' mich!
Ergreif' Besitz von mir,
damit ich Dich uneingeschränkt begehre.

Gertrud von Helfta (1256–1302)

Konkrete Erfahrungen

Trost des Betens

Ja sagen

Bis heute hat mich
noch kein Gebet
so richtig begeistert ...

Mich einlassen auf den
unberechenbaren Gott

Wen i elei mit Gott schwätz,
dun i's wi mer's kunnt

Geschichte des Lebens –
Geschichte des Betens

Mein Beten

Menschliches Leben ereignet sich in vielfältigsten Formen; es lässt sich nicht normieren. Wenn sich nun christliches Beten versteht als Öffnung des Eigenen auf den je größeren und je innerlicheren Gott hin, so sind Gebetsbiographien in größter Vielfalt zu erwarten. Auch die Autorinnen der folgenden Beiträge leben in sehr unterschiedlichen Bedingungen. Sieben Frauen berichten davon, wie ihr Leben an einzelnen Punkten oder über längere Strecken hin von der Dynamik des Betens berührt und gestaltet wird oder wie auch ein konventioneller Gebetsfaden Schaden nimmt und reißt.

Trost des Betens

Sonntagnachmittag im August, es ist die Ruhezeit des Sommers, kein Wölkchen trübt den Himmel. Meine Familie hat sich zum Mittagessen versammelt, genießt die köstlichen Speisen und das Zusammensein.

Plötzlich schellt das Telefon. Mir wird die schreckliche Nachricht vom Tod meines noch jugendlichen Patenkindes übermittelt. Mit einem Schlag sieht die Welt ganz anders aus. Für einen Moment scheint die Zeit stillzustehen. Nichts ist mehr so wie zuvor. Das so unerwartet eingetroffene Ereignis nimmt mir fast den Atem. Ganz automatisch lege ich die Hand vor dem Mund und mir erfährt ein tiefer Seufzer. Halblaut höre ich mich murmeln: „Mein Gott!“

Die Familienmitglieder erheben sich und entfernen sich lautlos vom Tisch. Meine Gedanken zu ordnen, das ist mir in dieser Situation kaum möglich. Ratlosigkeit und Hilflosigkeit kommen auf. Ziellos laufe ich hin und her.

Kurze Zeit später sitze ich neben meinem Bruder im Auto. Wir wollen die Eltern besuchen, ihnen beistehen und Trost spenden. Doch wie soll das gehen? Wir selbst sind doch stark betroffen, wissen nicht so recht wie wir uns verhalten sollen. Die Gedanken kreisen immer wieder um das unfassbare Geschehen, den unverhofft eingetroffenen Tod.

Mein Bruder steuert den Wagen, zwischen uns herrscht tiefes Schweigen, weil Worte versagen, weil es auf die quälenden „Warum-Fragen" keine Antwort gibt. Die Unruhe will nicht weichen und ich spüre etwas von der Brüchigkeit meines eigenen Lebens.

Schließlich drängt mein Bruder: „Komm, lass uns den schmerzhaften Rosenkranz beten!" Mit dieser Aufforderung erinnert er mich an eine Gebetsform, die ich lange nicht mehr praktiziert habe, aber doch gut aus meiner Kindheit kenne. Den Klang des gemeinsamen lauten, etwas verschliffenen Betens habe ich noch im Ohr, der Inhalt blieb mir als Kind verschlossen. Zögerlich spreche ich die Worte des Vaterunser und des Gegrüßet-seist-du-Maria; zunächst nur mit den Lippen, mein Innerstes wird davon nicht berührt. Langsam komme ich in einen Rhythmus und mit der Zeit fließt der Atem ruhig mit dem Herzschlag hin und her. Durch das ständige Wiederholen der Gebete, die ungezählte Generationen vor mir gesprochen haben, komme ich in einen Zustand des Betens. Nach und nach, mitten im Strom der Worte kann ich die schweren, bedrängenden Gedanken loslassen. Ich gewinne Distanz zu mir selbst und kann offen werden für den Gott, den ich im Vaterunser, mit dem jedes Gesätz beginnt, immer wieder anrufe. Es wächst die Gewissheit, Gott ist da, er ist nah und kennt meine Sorgen, Ängste und Hoffnungen.

Wie entlastend und angemessen vorgeformte Gebete in schwierigen Situationen sein können, das merke ich erst jetzt.

Am Zielort angelangt, mussten wir uns erneut der Wirklichkeit stellen. Die Lage ist unverändert, der Tote wird nicht wieder lebendig werden. Aber etwas anderes Wichtiges ist hinzugekommen. Das Beten, das anfangs mit keinerlei Absicht verbunden war, hat mich verändert. Von außen betrachtet bin ich ruhiger und gelassener geworden. Die Ausrichtung auf Gott hat mir eine neue innere Sicherheit geschenkt. Ich weiß wieder, wo ich Halt finden kann, wo meine Wurzeln liegen.

Festen Boden spüre ich wieder unter meinen Füßen. Zuversichtlich gehe ich auf die Trauernden zu und hoffe, dass ich in der Begegnung mit ihnen auch etwas von der aufrichtenden und heilenden Kraft, die ich im Gebet erfahren durfte, weitergeben kann.

Ja sagen

„Wenn die Kunst eine Art des Neinsagens ist, dann ist das Gebet eine andere Art, mit Ja zu antworten, Ja zur Schöpfung und seinem Schöpfer, Ja zum Leben und dem, was es in sich birgt, Ja zum Glauben und zur Hoffnung, die sich auf ihn beruft ..." (Eli Wiesel)

Als ich diese Worte Eli Wiesels las, fiel mir sofort Herr M. ein, der ehemalige Küster einer Gemeinde, in der ich als Pastoralreferentin gearbeitet habe. Herr M. war nach einem Schlaganfall ein sehr kranker Mann. Aufgrund seiner Lähmung konnte er sich nur ganz langsam bewegen, vor allen Dingen konnte er nicht sprechen. Nur ein einziges Wort kam ihm noch über die Lippen. Dieses Wort aber steht bis heute für mich für Herrn M. Das „Ja"! Immer wenn ich ihm begegnete, wenn ich ihm ein bisschen erzählte, nickte er freundlich und zuversichtlich und sagte: „ Ja ... ja...". Und dieses Ja beeindruckte mich sehr. Für mich kam nämlich in diesem kleinen Wort die gesamte Haltung von Herrn M. zum Ausdruck. In ihm begegnete mir trotz seiner Gebrechen ein lebensbejahender Mann, dessen einfache Zuversicht eine ungeheure Wirkung auf mich ausübte.

Als ich Herrn M. kennen lernte, war er schon einige Jahre krank. Aus Erzählungen wusste ich, dass er vor seiner Erkrankung ein agiler Mann gewesen war, der nicht nur in der Pfarrgemeinde, sondern auch im ganzen Dorf „mitgemischt“ hatte. Nun konnte er von alldem nichts mehr. Und dennoch habe ich Herrn M. in all den Jahren nie missmutig oder resignativ erlebt. Was war sein Geheimnis? Woraus schöpfte er die Kraft, sich mit seiner Krankheit zu versöhnen und sein eingeschränktes Leben anzunehmen?

Nachdem ich schon einige Zeit in der Gemeinde war, erhielt ich eine Antwort auf diese Fragen.

An einem regnerischen Nachmittag ging ich in die Kirche. Heute weiß ich nicht mehr, was mich in die Kirche trieb, aber das Bild, das ich dort sah, wird mir unvergesslich in Erinnerung bleiben. Die Kirche war dunkel, niemand schien da zu sein und trotzdem hatte ich das Gefühl, nicht allein zu sein. Ich ging durch den Mittelgang langsam nach vorn und dann vernahm ich plötzlich merkwürdige Laute. Ein wenig erschrocken ging ich weiter; ich sah Herrn M., der rechts an der Seite vor dem Marienaltar saß und den Rosenkranz betete. Dabei gelangen ihm sogar Worte, die sich sonst in seinem Mund nicht mehr bilden wollten. Dieses Bild erschütterte mich zutiefst. Ganz leise schlich ich mich wieder aus der Kirche. Ich wollte Herrn M., der sich vor Gott alleine wähnte, nicht stören; zu innig erschien mir diese Gebetsbeziehung.

Später erfuhr ich, dass Herr M. jeden Tag Stunden in der Kirche zubrachte, um den Rosenkranz zu beten. War dieses Gebet das Geheimnis seiner Lebensbejahung? Ich glaube dies. Wie gesagt, das Bild dieses betenden Mannes hat sich tief in mein Herz geprägt. Herr M. ist für mich bis heute Vorbild. Wie er, möchte auch ich mein Leben bejahen und Zuversicht auf meine Umgebung ausstrahlen. Damit mir dieses zumindest hin und wieder gelingt, brauche auch ich das Gebet. Im Beten wende ich mich nämlich an den, den ich als den guten Grund des Lebens kenne: den unfasslich liebenden Gott, der trotz aller Dunkelheiten, Zweifel und Fragen mein Leben und das Leben dieser Welt in seiner Hand hält.

Bis heute hat mich noch kein Gebet so richtig begeistert ...

Im täglichen Leben hat das Beten für mich schon lange keine Bedeutung mehr, ich erinnere mich nicht, wann ich das letzte Mal gebetet habe.

Manchmal betet meine kleine Tochter ihr „Kindergarten-Tischgebet". Ich sitze daneben und mache mit – um sie nicht zu enttäuschen.

Aus eigenem Antrieb habe ich selbst noch nicht mit ihr gebetet. Es fehlt die Überzeugung, obwohl ich keine Atheistin bin.

Heute ist mir klar, dass mein Verhältnis zum Gebet noch nie unbelastet war.

Als Kind konnte ich mir nicht vorstellen, wie die „Zwiesprache mit Gott" vor sich gehen sollte: es gab ja nie eine Antwort!

So entwickelte sich für mich das Beten sehr schnell zu einem Herunterleiern von eingeübten Texten, deren Inhalt ich meistens noch nicht einmal verstand.

Ob es das Vaterunser oder der Angelus, das Gegrüßetseist-du-Maria oder ein simples Tischgebet war, mit der Zeit lernte ich die Texte rezitieren, ohne deren Sinn verstehen zu können.

Niemand hat mir erklärt, was geziemend und heilsam ist, in meinem Kopf schwirrten die Cherubime und Seraphime umher. Zimbeln und Posaunen dröhnten laut in meiner Fantasie und lehrten mich eher das Fürchten, als dass sie Vertrauen erweckten.

Es war mir auch nicht klar, was das Gebet bewirken sollte. Fünf Vaterunser nach einer Kinderbeichte zur Buße ähnelten eher einer gebetsmühlenartigen Auftragsabwicklung als einer echten Besinnung. Wahrscheinlich wäre eine Ermahnung zum Verzicht auf Streitereien mit meinen Geschwistern für einen Tag eine wesentlich größere Buße gewesen. So aber konnte ich mich einfach meiner Aufgaben entledigen: Je schneller desto besser, um dann wieder Spielen zu gehen!

Das Abendgebet war für mich lästige Pflicht und später nahezu zwanghaftes Ritual. Nicht auszudenken, was passiert wäre, wenn ich das Abendgebet vergessen hätte, in das ich selbstverständlich meine Geschwister, Eltern, Verwandten und sonstige wichtige Personen einzubeziehen hatte!

Manchmal, wenn ich nachts aufwachte und feststellte, dass ich beim Abendgebet eingeschlafen war, hatte ich keine Ruhe und holte es nach. Ich hätte es nicht ertragen, wenn meinen Eltern oder Geschwistern irgendetwas widerfahren wäre, weil ich das Abendgebet „verschlafen" hatte. Nicht etwa, weil ich selbst besondere Besinnung über das Gebet erfahren oder ich ein Bedürfnis zum Gebet gehabt hätte, vielmehr wäre ich ja meiner Pflicht am Ende eines Tages nicht nachgekommen!

Beten hatte für mich auch etwas von Selbsterniedrigung.

Von vornherein musste ich als arme Sünderin um Vergebung bitten. Ich war mir als Kind oftmals gar nicht bewusst, für was ich Vergebung erbitten sollte. Was hatte ich für Schuld auf mich geladen? Gott sollte mir wohlgesonnen sein, die heilige Maria für mich bei Gott vorstellig werden, dafür sollte ich beten; irgendetwas Schlimmes war sicher auch in meiner Biographie, wofür Gott mich hätte strafen können ...

Im Gebet musste ich dem Teufel widersagen, im Gebet musste ich mein Taufgelübde erneuern, durch das Gebet konnte ich meine Feinde lieben, im Gebet musste ich ehrfürchtig sein und Gehorsam geloben ...

So entwickelte sich in mir auch ein drohendes Gottesbild. Ständig musste ich auf der Hut sein und Gott gnädig stimmen. Ich lernte, dass man für gutes Wetter, Nahrung, Gesundheit und Frieden beten musste. Ganze Bittprozessionen wurden abgehalten, um durch das Gebet das Gewünschte zu erreichen. Stellte es sich dann nicht ein, zeigte sich dadurch der Zorn Gottes, der natürlich wieder mittels Gebet besänftigt werden sollte.

Ohne Morgengebet kein Frühstück, den Rosenkranz um ein besserer Mensch zu werden, ein Vaterunser für einen verstorbenen Menschen, schnell noch ein Tischgebet vorm Essen, ein Vaterunser für eine gute Fahrt, ein Vaterunser vor der Mathe-Arbeit ... Das Herunterleiern nahm kein Ende!

Niemand sagte mir, dass echte Zwiesprache mit Gott keine Floskeln braucht, dass es auch anders ginge, dass meine Gebetstexte frei formuliert meine ureigensten Wünsche und Bedürfnisse, meine ganz persönlichen Nöten und Ängste widerspiegeln könnten.

Und so begann Beten irgendwann langweilig und lästig für mich zu werden!

Als ich älter wurde und vieles um mich herum zu hinterfragen begann, zweifelte ich bald nicht nur an der Form, sondern auch an der Wirkung des Gebetes.

Konfrontiert mit dem Krieg in Vietnam, Folterungen in Afrika, Verschleppungen in Südamerika, Ungerechtigkeiten, Bevormundungen, Ausbeutungen, Sozialneid, Unterdrückung, Korruption, Besserwisserei und vielem mehr, sah ich mich fassungslos und manchmal wütend einer schweigenden Mehrheit der Christen in meiner kleinen Heimatgemeinde gegenüber.

Die Augen verschließen und für ein besseres Leben nach dem Tod beten? Täglich ein Vaterunser als Garantie für einen Logenplatz im Reich Gottes?

Wenn Bomben fallen, für Frieden beten?

Wenn Vergewaltiger wüten, bei Gott um Vergebung bitten?

Wenn Unterdrückung um sich greift, im Gebet an die Gerechtigkeit appellieren?

Das konnte es doch nicht sein!

Meine ohnehin schon stark angeschlagene Identifikation mit der Kirche begann merklich zu bröckeln. Beten mochte ich schon lange nicht mehr und der Rest war auch nicht besonders spannend.

Der Religionsunterricht gab mir keine Antworten auf meine Fragen, mein Elternhaus empfand ich als wenig gesprächsbereit in diesen Dingen, und die Geistlichen in meinem Umfeld wirkten auf mich nicht besonders überzeugend.

Kein Gebet gebietet dem Fanatismus Einhalt und zwingt Folterer zur Umkehr. Mein Gebet hilft den Unterdrückten und Gepeinigten nicht, das Leid besser zu ertragen. Zu dieser Einsicht gelangte ich schnell. Sollten die Beten, die darin ein Mittel erkennen mochten – für mich keine Alternative, eher ein Ausdruck der Ohnmacht!

Bete und Arbeite – für mich keine Perspektive.

Ich wollte nicht untätig sein, wollte helfen, mit anpacken, mit gestalten, verändern.

Schon in der Schulzeit interessierte mich die Politik. Ich verfolgte mit Interesse die tagespolitischen Geschehnisse und entwickelte Spaß am Engagement in der Jugendarbeit meines Heimatortes.

Später beim Studium in einer Großstadt bot sich mir ein großes Betätigungsfeld an der Hochschule. Diverse Ferienjobs und der endgültige Einstieg in das Erwerbsleben brachten mich den Gewerkschaften näher.

Heute habe ich meinen Platz gefunden. In Gewerkschaft, Politik und Gesellschaft bringe ich mich ein und helfe mit, Zukunft zu gestalten. Ich möchte aktiv sein und teilhaben an den Veränderungen in meinem Wohnort. Ich übernehme Verantwortung, beziehe Stellung und setze mich bewusst Kritik aus, auch um mein Handeln immer wieder hinterfragen zu müssen.

Ich respektiere die Menschen, die für eine bessere Welt beten. Meine Lösung ist, im Rahmen meiner Möglichkeiten durch mein persönliches Engagement daran mitzubauen. Ich erwarte allerdings auch Toleranz für meine Entscheidung und meinen Weg.

Irgendwann habe ich festgestellt, dass das Leben auch ohne zwanghaftes Abendgebet Glück und Zufriedenheit bringen kann. Dass Beten ohne auswendig gelernte Floskeln viel intensiver und ehrlicher ist. So richtig überzeugt hat es mich dann trotzdem nicht mehr, es war wohl schon zu spät dazu.

Mich einlassen auf den unberechenbaren Gott

Erfahrung mit Beten im Laufe meines Frauenlebens

„Wer betet, lässt sich auf Gott ein – und Gott ist unberechenbar." Diesen Satz von K. Pohlmann kann ich zutiefst nachvollziehen, wenn ich mich mit meiner Weise zu beten beschäftige.

Erinnere ich mich an meine Kindheit zurück, habe ich meine Mutter vor Augen, die ihre Aufgabe, mich religiös zu erziehen, sehr ernst nahm. Ab dem Alter von drei Jahren musste ich regelmäßig mit ihr zum Rosenkranzbeten in die Kirche. Dieses monotone, sich immer wiederholende Gebet hatte für mich etwas Bedrohliches, ich konnte den Inhalt nicht verstehen, sah nur, wie ernst die Frauen alle knieten, ohne eine Miene zu verziehen. So ernst hat meine Mutter mir auch den Glauben vermittelt. Gott war für mich ein allwissender, ein allmächtiger Gott, der mich auch noch durch die kleinste Ritze beobachten konnte, wenn ich nicht artig war. Oft benutzte ihn meine Mutter als geliehene Autorität, wenn ihre Erziehungsmaßnahmen zu scheitern drohten.

Die regelmäßigen, fest formulierten Gebete, die sie mir beibrachte, waren für mich eine Übung, diesen Gott milde zu stimmen. Ich war davon überzeugt, wenn ich so werden wollte wie ich sollte, dann brauchte ich Gottes Unterstützung. Und nur wenn ich die hatte, wäre mir schließlich die Liebe meiner Umgebung gewiss. Dieses erste Gottesbild entsprach damals auch meinem Bild von mir selbst und von den Autoritäten um mich herum.

Andererseits vermittelten mir diese Gebete auch Sicherheit. Ich konnte sicher sein, dass Gott mich behütete, nachdem ich das Nachtgebet gesprochen hatte. Lieber allerdings als direkt zu Gott betete ich zu meinem Schutzengel. Zu ihm spürte ich mehr Nähe. Ich konnte mir gut vorstellen, wie er stets bei mir war und mich im Auftrag Gottes behütete.

Dann, mit etwa sechs Jahren, traute ich mich plötzlich, mit diesem Gott direkt in Kontakt zu treten. An den Anlass dafür kann ich mich nicht mehr erinnern. Jedenfalls hatte ich den Mut, mit Gott in einen Dialog zu treten, mit meinen ganz eigenen Worten. Und ich wurde immer mutiger. Ich erzählte ihm von meinen Sehnsüchten, von meinen Ängsten und meinen Sorgen und machte eine wunderbare Erfahrung: Gott hörte mir zu, er ging nicht weg. Was immer ich ihm mitteilte oder vorwarf: er blieb bei mir, wie eine gute Freundin, die mir ganz nahe war. Ich war ihm plötzlich nicht mehr ausgeliefert, ich konnte nun erfahren, dass Gott ein freundlicher Gott war, der viel aushalten konnte, der mich nicht fallen ließ. Es tat mir unendlich gut, ihm von meinen Sünden zu erzählen. Ich war mir gewiss, dass er sie mir jedes Mal vergab und mir immer wieder eine neue Chance gab. Diese Gewissheit machte mich freier. So war das Gebet nicht mehr nur moralische Verpflichtung, es wurde zur ordnenden Kraft für einen neuen Anfang.

Im Laufe der Jahre hat sich mein Selbstbild gewandelt und damit verbunden auch mein Gottesbild. Da mein Gebet Ausdruck der Beziehung zu mir, zu Gott und zu den Menschen ist, hat es sich ebenfalls verändert. Doch diesen persönlichen Dialog mit meinem damals „neu entdeckten" Gott habe ich mein Leben lang nie abgebrochen. Manchmal verabredete ich auch Bedingungen mit Gott: „Wenn du mir hilfst, dann werde ich ..." Dann wurde mein Gebet zu einer Versicherung in einer existentiellen Bedrohung.

Dabei habe ich Erfahrungen mit Gott gemacht, die für mich an ein Wunder grenzen. Ich erinnere mich an die Geburt meines zweiten Sohnes. Die Geburt wurde eingeleitet, er wollte offenbar nicht so leicht in diese Welt kommen. Mit seinen langen schwarzen Haaren und seinen dunklen Augen war er das schönste Kind auf der Station. Drei Tage nach der Geburt teilte mir der Kinderarzt mit, dass bei dem Neugeborenen Mukoviszidose diagnostiziert geworden war. Ich hörte von dieser Krankheit zum ersten Mal. Meine Frage, was dies für meinen Sohn bedeute, beantwortete der Arzt nicht. Ein anderer Arzt, den ich schließlich befragte, erklärte mir, dass es sich hier um eine schwere Funktionsstörung der Drüsen handele, die nicht geheilt werden könne. Die Lebenserwartung eines Kindes mit dieser Krankheit liege bei maximal 18 Jahren. Nach drei Monaten könne ein Schweißtest durchgeführt werden, danach würde deutlich, wann die Krankheit ausbricht.

Nie habe ich das Gebet bisher so nötig gehabt, wie in diesen drei Monaten. Vor allem das „Vaterunser" in seiner Einfachheit lernte ich in dieser Zeit schätzen. Es tat mir so gut, es immer und immer zu wiederholen, ohne dabei denken zu müssen. Das „Vaterunser" ist seither für mich das vertrauteste Gebet.

Im Dialog mit Gott verabredete ich mit ihm in meiner Verzweiflung, dass ich, wenn er mein Kind von dieser Krankheit heile, etwas tun würde, was mir zutiefst zuwider war. Ich würde dafür ein Opfer bringen, das schwor ich Gott. Zitternd ging ich nach drei Monaten mit meinem Säugling zum besagten Test. Ich betete still für mich ein Vaterunser nach dem anderen. Nach zwei Stunden wurde mir mitgeteilt, dass die Krankheit auf unerklärliche Weise verschwunden sein. Ich konnte zunächst nur heulen vor Erleichterung und das Glück noch nicht fassen, einen gesunden Sohn zu haben.

Etwa zwei Wochen später rief unser Pfarrer an und fragte mich, ob ich die Kirche putzen würde, ich sei ja nicht berufstätig. Putzen! Das war für mich die unangenehmste Arbeit. Jede andere Arbeit machte ich lieber als zu putzen. „Nein", teilte ich dem Pfarrer sofort mit, „ich kann die Kirche leider nicht putzen, aber ich höre mich um, vielleicht macht es eine Nachbarin."

In dieser Nacht konnte ich nicht schlafen. Hatte ich Gott nicht ein Versprechen gegeben? Wollte ich nicht, wenn mein Kind gesund werden würde, etwas tun, das mir zutiefst zuwider war? Aber musste es gleich so etwas Unangenehmes sein? Doch ich kam zum Schluss: genau dieses unangenehme „Kirche putzen" sollte es sein, das war mein Opfer, das ich Gott zum Dank erbringen wollte. Am nächsten Morgen rief ich den Pfarrer an und sagte zu, dass ich für maximal ein Jahr die Kirche putzen würde. Er fragte mich nicht, warum ich meine Meinung plötzlich geändert hatte und es war gut so.

Das Frappierende an der ganzen Sache war, dass es mir, nachdem ich mich einmal überwunden hatte, immer leichter fiel, die große Kirche zu putzen. Ich war ganz allein mit mir und mit Gott, konnte mir Zeit lassen und meinen Gedanken nachhängen. Das „Putzen" war für mich kein Thema mehr und so putzte ich sechs Jahre lang unsere Dorfkirche und empfand dies in den ganzen Jahren nie als ein Opfer.

Manchmal verweilte ich nach getaner Arbeit noch in einer Kirchenbank und dankte Gott für mein Leben. Dabei, im Danken oder auch in der Sehnsucht, konnte ich meine Gefühle und Empfindungen als Gebet erleben. Ich hatte Gottes Handeln erfahren; diese tiefe Erfahrung prägte meinen Glauben auf eine neue Weise.

Wenn ich auch immer wieder erfahren sollte, dass Gottes Handeln nicht berechenbar ist. Es fiel mir oft schwer, zu akzeptieren, dass er letztendlich weiß, was für mich das Richtige ist, vor allem, wenn ich etwas ganz anderes von ihm wollte. „Loslassen" war in dieser Zeit mein Thema!

In den darauf folgenden Jahren beschäftigte ich mich viel mit Meditation und ließ mich auf einen neuen Weg mit

Gott ein. Zum Vaterunser und meinem Dialog mit Gott kam eine neue Gebetsform – das Schweigen:

Ich bin still da vor Gott und erfahre, dass in diesem schweigenden Dasein die Worte immer weniger werden. Stattdessen wächst in mir die Bereitschaft, mich von Gott erreichen zu lassen. Mein Wollen, mein Wünschen, das Gespräch meines Herzens und schließlich mein ganzes Leben kann ich vor Gott hinbringen. Ich darf endlich die sein, die ich bin, muss nicht mehr die sein, die ich werden sollte. Diese Art des Betens lässt alle kritischen Stimmen zu, alle Widerstände, alle Ängste. Es macht mich sensibel für den Umgang mit mir selbst und mit meinen Mitmenschen und hilft mir geduldiger zu werden. Allerdings heißt es auch, immer wieder zu kämpfen, zu straucheln, – und die Chance zu haben, immer wieder neu anfangen zu dürfen in der Gewissheit, dass Gott mich liebt.

In diesem Dasein vor Gott hat die Wahrnehmung für mich die größte Bedeutung. Mich mit dem liebevollen Blick Gottes in meiner Körperlichkeit wahrzunehmen verhilft mir dazu, alles um mich herum mit eben diesem liebevollen Blick wahrzunehmen.

Dieses schlichte Wahrnehmen erlaubt mir, mich nicht festzulegen, meine Art des Betens mit meinen Erfahrungen zu verändern. Lebensnotwendig dabei ist für mich die Chance, täglich wieder neu anfangen zu dürfen; sie schützt mich vor dem Wunsch nach Vollkommenheit.

Ja, ich habe mich, um den Eingangssatz zu zitieren, auf meinen Gott eingelassen und er ist für mich noch immer unberechenbar. Genau das macht meine Spannung im Beten aus, denn wäre Gott berechenbar, dann wäre er nicht mein Gott!

Wen i elei mit Gott schwätz, dun i's wi mer's kunnt

Beten heißt für mich heute, in Beziehung zu Gott zu treten. Zu Gott, der oder die mir manchmal nah und vertraut, manchmal fern und fremd ist. Eine Form des In-Beziehung-Tretens ist das Sprechen mit Gott, das inzwischen für mich gleichwertig neben vielen anderen Formen steht.

Das war nicht immer so. Beten, das gehörte zu meiner religiösen Sozialisation. Ich wuchs in Süddeutschland in einem sehr katholischen und damit auch engen Umfeld auf. Mein Vater war Religionslehrer und später auch Diakon, was es mit sich brachte, dass unser Bekannten- und Freundeskreis aus so genannt gut-katholischen Familien bestand. Im Dorf war ich so gut wie nie ich selbst, sondern immer Religionslehrers Tochter. Und: „Das gehört sich nicht für Religionslehrers Tochter!" war der Satz, der mich stets begleitete!

Beten, das gehörte irgendwie einfach dazu; zu Hause gab es das Tisch- und das Abendgebet, im Religionsunterricht wurde gebetet und natürlich in der Kirche. Ich kann mich nicht erinnern, dass wir jemals darüber gesprochen hätten, warum wir beteten oder warum es wichtig sei. Es war einfach so. Sowohl im privaten als auch im kirchlichen Raum beteten wir auswendiggelernte Gebete. Gebete, die sicher in vielen anderen Familien und Gemeinden genauso gesprochen wurden. Gerade in der Kirche hatte ich oft das Gefühl, dass die Gebete völlig automatisiert heruntergeleiert wurden. Natürlich betete ich als Kind mit; schließlich taten es alle und ich beherrschte die Gebete wie im Schlaf. Gedanken darüber machte ich mir auch dann nicht, als ich merkte, dass ich manches von dem, was ich da sprach, überhaupt nicht verstand. Aber zu etwas Wichtigem oder gar zu einer Hilfe war das Beten für mich nicht geworden.

Zunächst fühlte ich mich in dieser vertrauten Enge durchaus wohl. Schwieriger wurde es, als ich älter wurde und begann, die Dinge zu hinterfragen. Mir fiel auf, dass es eine Kluft gab zwischen dem, was ich in Schule und Unterricht gepredigt bekam und dem, was ich wirklich erlebte. Schließlich bekam ich über meinen Vater auch mit, wie manche der „Amtsbrüder" miteinander und auch mit ihm umgingen. Mein Vater war nicht in allen Positionen linientreu und so hatte er immer wieder Ärger mit einigen seiner Mitbrüder und bestimmten kirchlichen Kreisen. Eine Zeit lang gab es sogar sonntägliche Schimpfpredigten gegen ihn. Klar, dass ich schnell lernte, meine Fragen und Zweifel besser für mich zu behalten, statt sie laut zu äußern!

Aus der Rückschau heraus ist mir bewusst, dass ich damals unmerklich ein Stück weit das Sprechen einstellte und für mich eine Phase begann, in der ich mich auf das Hinschauen und Hinhören beschränkte und versuchte, vieles mit mir selbst zu klären. Dieses Schweigen wurde noch dadurch verstärkt, dass ich in einer Familienkrise von allen Freunden und Bekannten im Stich gelassen wurde. Damals hätte ich Menschen gebraucht, die mir geholfen hätten zu verstehen, wie es so weit kommen konnte. Menschen, die mir zugehört hätten und denen ich von meinen Ängsten hätte berichten können. Menschen, die mich bei meiner Suche nach einem Weg aus dem Chaos unterstützt hätten. Trotz all dem, was ich schon erlebt hatte, war ich zu der Zeit wirklich sicher, diese Hilfe in der Kirche und im katholisch geprägten Freundeskreis zu finden. Fehlanzeige! Die zwei oder drei, die überhaupt noch ein einziges Mal kamen, gingen ganz schnell wieder und ließen mich mit dem Satz: „Ich bete für dich!" allein. Für mich war dieser Satz wie ein Schlag ins Gesicht. Ich empfand ihn als billigen, verlogenen Versuch, sich der Verantwortung zu entziehen. Tatsächlich stellte sich heraus, dass keiner mehr auftauchte; ich war allein gelassen mit meinen Problemen. Mir ist es damit sehr schlecht gegangen und noch heute stellen sich mir die Haare, wenn jemand dieses „Ich bete für dich!" zu mir sagt.

Mit dem Vertrauen zu den Menschen verlor ich auch das Vertrauen zu dem „allmächtigen, alles-könnenden Gott" meiner Kindheit. Beten war von da ab für mich nicht mehr drin und ohne langes Nachdenken brach ich jeden Kontakt zu allem, was mit Kirche, Glaube und Religion zu tun hatte, ab!

Die Geburten der Kinder zwangen mich in eine Auseinandersetzung mit dem Thema, dem ich so lange ausgewichen war. Nun brauchte ich für mich eine klare Entscheidung, ob sie mit Kirche und Religion aufwachsen sollten oder nicht. Ganz vorsichtig suchte ich nun eine Wiederannäherung. Ich versuchte zu verstehen, warum das damals so gelaufen war und schaute, ob ich Menschen fand, die anders handelten als die, denen ich damals begegnet war. Ich suchte nach Menschen, die bereit waren, meine Fragen anzuhören und mit mir nach Antworten zu suchen. Ich setzte mich mit dem früher Gelernten kritisch auseinander, probierte Neues aus und gewann langsam ein neues Gottesbild. Allmählich bekam ich wieder Boden unter die Füße.

Langsam erst fand ich wieder Worte, für das, was mich anging und was mir wichtig war. Allerdings musste ich nun auch feststellen, dass die bisherigen Gebete nicht mehr passten. Sie waren mir zu eng geworden und stimmten mit meinen Erfahrungen und meinem veränderten Gottesbild nicht mehr überein. Erst da wurde mir bewusst, wie sehr sich das Bewusstsein und die Sprache gegenseitig bedingen und wie wichtig die Sprache ist, um das zu sagen, was ich meine.

Ich brauchte für mich also eine neue Gebetsform und Gebetssprache statt des bislang Gewohnten. Welche Sprache aber wäre dafür besser geeignet als meine eigene – mundartlich geprägte – Ausdrucksweise? Das ist die Sprache, die zu mir gehört und die mich mit meinem Ursprung verbindet. Das ist die Redeweise, die ich mit anderen gemeinsam habe, in der ich mich sicher fühle und mit der ich Beziehungen zu anderen aufnehmen kann.

Das Umstellen meiner privaten Gebete auf meine Alltagssprache machte mir keine größeren Schwierigkeiten.

Nach vielen vorsichtigen Versuchen und einer Eingewöhnungszeit, gewann ich langsam immer mehr Sicherheit. Meinen Alltag konnte ich plötzlich so vor Gott bringen, als ob ich mich mit nahe Stehenden unterhalten würde.

Außerdem kam ich immer mehr davon weg, bloß zu festgelegten Zeiten zu beten. Waren früher Abend- oder Tischgebet wichtig, entstand jetzt mehr und mehr ein Situationsbeten. Freude, Staunen, Dank und Ärger konnte ich nun unmittelbar in meinen unterschiedlichen Lebenssituationen als Gebete formulieren. Irgendwann empfand ich dieses neue, andere Sprechen mit Gott als eine Bereicherung für mich und ich kann sagen, dass dieses Beten für mich zu einem echten Beten geworden ist. Es kommt aus mir und hat viel mit mir selbst zu tun!

Je größer meine Sicherheit mit dem privaten Beten wurde, umso größer wurden meine Schwierigkeiten mit den Gebeten, denen ich im kirchlichen Raum begegnete. In vielen der vorformulierten Gebete konnte ich mich und mein Leben nicht wiederfinden oder fand ein zu enges oder zu einseitig männlich geprägtes Gottesbild. Zunächst betete ich noch gegen meinen inneren Widerstand mit; inzwischen allerdings bin ich dazu übergegangen, an diesen Stellen der Liturgie für mich das zu beten, was meinem Glauben und mir entspricht. Natürlich nutze ich auch jede sich bietende Gelegenheit, eigene Gebete zu formulieren oder vorgefundene umzuformulieren; z. B. wenn ich im Rahmen der kfd-Arbeit Frauengottesdienste mit vorbereite.

Noch nie allerdings habe ich mich daran gestört, dass alle Gebete im öffentlichen Raum in der Schriftsprache abgefasst sind und ich habe mir auch noch nie überlegt, ob ich selbst Gebete in der Mundart formulieren soll oder sie während einer Frauenliturgie in Mundart sprechen soll. Das hängt sicher damit zusammen, dass ich von Klein auf dazu angehalten wurde, mich für alle, mit denen ich zusammenkomme, verständlich auszudrücken. Das bedeutete natürlich, auf den Dialekt weitgehend zu verzichten, weil ich sonst andere ausgeschlossen hätte. Niemals machte mir das größere Schwierigkeiten und ich hatte auch nie das Gefühl, dass man mir damit etwas weggenommen hätte.

Ganz offensichtlich habe ich daher zwei Sprachen gut verinnerlicht: Ein „Schriftdeutsch", an dessen Akzent leicht zu erkennen ist, dass ich aus dem süddeutschen Raum komme, mit dem ich aber meist auf Anhieb verstanden werde und ein „Alltagsdeutsch", das deutlich stärker mundartlich geprägt ist. Dabei entscheide ich mich wohl unbewusst für die eine oder andere Sprache; welche ich dann benutze, hängt mehr davon ab, wo ich bin und mit wem ich spreche, als davon, worum es im Gespräch geht.

Bislang fühle ich mich auch in beiden Sprachen beheimatet; gleichzeitig stelle ich inzwischen ab und an fest – seit ich zum ersten Mal von Gesprächspartnerinnen darauf hingewiesen wurde –, dass ich umso mehr in den Dialekt verfalle, je wichtiger mir etwas ist! Dies ist mir selbst bislang allerdings nur in bekannten, überschaubaren Gruppen aufgefallen.

Was zutiefst mein Eigenes ist, ist also offensichtlich für Andere – zumindest für die, die mich kennen – an der gehörten Sprache erkennbar.

Wenn ich also mein Eigenes im Gebet vor Gott bringen will, dann gilt auch weiterhin:

„Wen i elei mit Gott schwätz, dun i's wi mer's kunnt!"

Geschichte des Lebens – Geschichte des Betens

Meine Freundin ist Deutsche und in Griechenland aufgewachsen. Ihr einziger Berührungspunkt mit Kirche war mit einem orthodoxen Popen, als ihr Sohn, der einen griechischen Vater hat, getauft wurde. Sie respektiert meinen Glauben und ich ihren Unglauben. Meine Freundin ist ein sehr caritativer Mensch und übt in meinen Augen mehr christliche Nächstenliebe aus als manche getaufte Karteileiche gleich welcher Konfession. Da sie gut vier Autostunden von mir entfernt lebt, können wir uns leider nicht so häufig auf eine Tasse Tee treffen. Bei meinem letzten Besuch fragte sie mich unvermittelt, wie und warum ich bete und ob schon einmal wirklich eingetroffen sei, worum ich gebetet habe. Ich nickte und wurde nachdenklich. Gerade als ich erzählen wollte, wurden wir durch den Besuch ihres Sohnes unterbrochen. Ihre Frage beschäftigte mich noch lange und ich blickte bis in meine Kindheit zurück. Ich beschloss, ihr zu schreiben. Hier nun der Brief:

„Liebe Erika, erinnerst du dich an unser ‚Glaubens-Gespräch' bei meinem letzten Besuch? Deine Frage nach meinen Gebetserfahrungen hat mich noch lange beschäftigt. Viel mehr als du habe ich in meinem Elternhaus auch nicht von Gott gehört. Jedenfalls kann ich mich nicht erinnern, dass meine Großmütter mir etwas von ihm erzählt hätten – schon gar nicht mein Großvater. Für sie waren Kirche, Glaube oder Gott kein Themen. Vielleicht im Verborgenen, immerhin waren sie getauft, ganz sicher aber nicht im Gespräch mit anderen.

Meine Mutter war katholisch und heiratete einen evangelischen Mann in einer evangelischen Kirche. Damit gehöre sie nicht mehr der katholischen Kirche an, wurde ihr daraufhin gesagt. Mein Vater sprach nie zu mir über Gott, während meine Mutter ihn als eine Art ‚Erziehungshilfe' benutzte: ‚Gott sieht und hört alles was du tust, er kennt sogar deine Gedanken!' Die Tatsache, dass Gott mich sieht und ich ihn nicht, bereitete mir großes Unbehagen. Ich fühlte mich ständig kontrolliert und beobachtet. Das einzige Gebet, das ich lernte war: ‚Lieber Gott, mach mich fromm, dass ich in den Himmel komm.‘ Fromm war für mich in meiner kindlichen Welt gleich bedeutend mit ‚gut, brav‘. Und natürlich wollte ich in den Himmel kommen und auf keinen Fall in der Hölle schmoren. So sprach ich dieses Gebet abends voller Inbrunst. Ich wollte Gott nicht verärgern und strengte mich sehr an, um ‚gut‘ zu sein und ‚brav‘. Aber je älter ich wurde, umso schwieriger gestaltete sich dieses Vorhaben, und ich begann irgendwann mit Gott zu ‚reden‘. Das heißt, ich erklärte ihm, warum ich in diesem oder jenem Fall nicht so ganz brav sein konnte, dass das eine oder andere nicht so gut gelungen, aber nicht so schlecht gemeint war. Auf diese Weise entwickelte sich eine Beziehung zu Gott, der doch nicht ganz so streng zu sein schien, wie man mich glauben machen wollte.

Mein Gottesbild änderte sich mit zunehmenden Alter. In der evangelischen Volksschule hörte ich nun mehr und neue Dinge von Gott, von einem evangelischen Gott natürlich. Dann heiratete mein ältester Bruder eine katholische Frau und konvertierte, als ich ungefähr 10 Jahre alt war. Jetzt lernte ich auch den anderen Gott kennen, den katholischen. Ich fand ihn strenger als den evangelischen. Er verlangte mehr von seinen Gläubigen. Du weißt ja, dass ich mit Abstand die Jüngste bei uns war und mit meinen Fragen nie ernst genommen wurde. Ich erhielt keine vernünftigen Antworten und nach allem, was ich so aufschnappte, kam ich zu der Überzeugung, der katholische Gott sei der ‚echte‘ Gott. Ich befürchtete schon, ständig zu dem falschen Gott gebetet zu haben. Das konnte eine Erklärung sein, warum manche Gebete sich nicht erfüllten.

Später auf dem Gymnasium klärte sich alles auf. Religionsunterricht fand ich immer spannend und hatte viele Fragen. Nun lernte ich auch etwas über die verschiedenen Amtskirchen und Zweifel kamen auf. Wieso gibt es überhaupt verschiedene Religionen bei nur einem Gott? Welche ist wirklich richtig? Ich glaubte den kirchlichen Lehren nicht so recht und beschloss, mich von ihnen nicht verwirren zu lassen und lieber weiter an ‚meinen Gott‘ zu glauben. Dieser Gott war mir vertraut, mit ihm konnte ich alles besprechen. Ich lernte jetzt auch mehr vorformulierte Gebete kennen, benutzte sie aber nicht. Die meisten waren mir zu allgemein gehalten, da kam ich nicht drin vor. Außerdem war mir ihre Sprache fremd.

Als Kind habe ich mich oft gefragt, wie Gott all die Gebete der Menschen überhaupt hören kann, die in so vielen Sprachen und auch noch gleichzeitig an ihn gerichtet werden. Weißt du, heute und mit meiner jetzigen Lebens- und Glaubenserfahrung denke ich, dass Gott bereits für jeden Menschen, den er entstehen lässt, einen fertigen Lebensplan hat. Nichts ist dem Zufall und der Mensch schon gar nicht sich selbst überlassen. Jeder Lebensweg ist zwar vorgezeichnet, besteht anscheinend aber immer aus mehreren Richtungen. Das macht es mitunter so schwierig aber auch spannend, den richtigen Weg zu erkennen.

Erst im Religionsunterricht hörte ich von Jesus, der mir damals jedoch fremd blieb. Höchste Instanz und Ansprechpartner für meine Anliegen war und blieb Gott für mich. Du hast mich gefragt, wie ich bete und ob ich wirklich glaube, gehört zu werden. Weißt du, ich bete zu Gott, in dem ich eigentlich ganz normal zu ihm spreche. Ihm sage, was mich bewegt. Meistens lautlos, mit Gedanken sozusagen, aber oft auch laut. Daran habe ich mich im Laufe der Jahre einfach gewöhnt und es tut mir gut.

Als Kind betete ich meistens aus Pflichtgefühl und weil ich Angst hatte, Gott könne es mir sehr übel nehmen, wenn ich nicht zu ihm bete. Ich sagte dir ja schon, dass ich auf keinen Fall riskieren wollte, ins Fegefeuer geworfen zu werden. Also klopfte ich geplante Vorhaben meistens darauf ab, ob sie denn auch vor Gott in Ordnung sein würden. Diese Art zu beten hatte schließlich zur Folge, dass Gott ganz real zu meinem Leben dazu gehörte. Natürlich betete ich auch um die ‚Zwei' in Latein oder Mathe! Und ebenso natürlich wurde daraus nichts, aber daran war wohl eher meine eigene Faulheit Schuld als Gottes Taubheit!

Auch mein Angebeteter würdigte mich keines Blickes – trotz meiner inständigen Gebete. Du merkst schon, wenn ich dir von meinen Gebetserfahrungen erzählen soll, gehört untrennbar meine Beziehung zu Gott dazu. Diese Beziehung durchlief eine Reifezeit, eine Entwicklung, genau wie ich auch. In gleichem Maß, wie meine Angst vor Gott aus Kindertagen weniger wurde, wuchsen Vertrauen und Geborgenheit. Irgendwann begann ich, mit Gott zu ‚reden', wie mit einem guten, zuverlässigen Freund. Bis auf den heutigen Tag habe ich diese Gewohnheit beibehalten und ‚bespreche' alles, was mir in meinem Leben wichtig ist, mit Gott.

Weißt Du, ich glaube, das Wichtigste dabei ist, dass ich das, was mich sehr stark beschäftigt, vor Gott bringe und sozusagen mit ihm zusammen diese oder jene Sache mit etwas Abstand betrachte. Oft spüre ich großes Vertrauen zu Gott, doch manchmal wollen Verzweiflung und Ratlosigkeit nicht weichen. Und meistens dann, wenn ich so richtig am Boden zerstört bin, kommt mir irgendein Mensch zu Hilfe und fast immer ist es jemand, von dem ich es nie erwartet hätte.

Als Kind dachte ich immer, je öfter ich eine Bitte wiederhole, desto höher sei die Wahrscheinlichkeit erhört zu werden. Als junge Erwachsene wurde tägliches Beten zu einer Art Pflichtübung. Nach dem aus Zeitmangel oft nur dahingemurmelten Morgengebet – es war immer der gleiche Wortlaut – wusste ich mich für den Tag gerüstet und beschützt. Und mit mir alle, die ich in mein Gebet miteingeschlossen hatte. Etwas weniger regelmäßig aber immerhin doch, erledigte ich abends mein Dankgebet für den überstandenen Tag. Zur Kirche hatte ich bis zu meinem 12. Lebensjahr kein und dann ein eher gespaltenes Verhältnis. Ich bin ja, ebenso wie du, nicht in eine kirchliche Praxis hineingewachsen und der Besuch eines Gottesdienstes gehörte eher nicht zur Gewohnheit meiner Familie. Wir waren ja auch evangelisch und ‚mussten' sonntags nicht zur Kirche. Das änderte sich schlagartig bei mir mit Beginn des Katechumenunterichts. Jetzt war der regelmäßige Gottesdienstbesuch auf einmal Pflicht. Bei Pflichterfüllung gab es einen Stempel in ein eigens dafür angelegtes Büchlein. Für's Schwänzen gab es Schelte vom Pastor, der die Heftchen regelmäßig kontrollierte. Jetzt musste ich viele Gebetstexte und Psalmen auswendig lernen. Weil ich deren Aussage nicht verstand, benutzte ich diese Texte nie. Darin kam ich mit meinen persönlichen Anliegen auch gar nicht vor und meine Sprache war das schon gar nicht. Da blieb ich doch lieber auf meine, mir vertraute und geläufige Weise mit Gott im Gespräch, ganz einfach und mit meinen eigenen Worten.

Als ich dann meinen – katholischen – Mann heiratete, kam ich in eine Familie, die sehr gläubig war. Jetzt erlebte ich kirchliche Praxis, die ganz selbstverständlich zum täglichen Alltag gehörte. Mein Mann und ich haben zwar katholisch geheiratet, aber ich blieb evangelisch. Ich hielt es nicht für so wichtig, welcher Konfession man angehört. Das einzige, was zählt, ist die Beziehung zu Gott und der Glaube an ihn.

Mein Mann und ich wünschten uns bald Kinder. Vier sollten es werden, doch nicht eines wurde uns auf natürliche Weise geschenkt! Es war eine schwere, belastende Zeit zwischen Hoffnung und Enttäuschung, in der ich inständig betete, ja flehte. Dabei kniete ich mich auf den Boden, reckte die Hände zum Himmel oder warf mich auf den Boden, wimmerte und schrie Gott an, warum er mein Flehen nicht endlich erhöre. Doch er blieb taub! Zwei lange Jahre jeden Monat die gleiche Enttäuschung! Ich fragte verzweifelt, wofür Gott mich so strafte! Heute denke ich, dass Gott möglicherweise für mich einen ganz anderen Lebensplan hatte als ich. Ich aber hörte nicht auf, ihn anzuflehen, mir meinen Kinderwunsch zu erfüllen.

Die Zeit schritt voran und ich war sehr unglücklich und verzweifelt, aber ich dachte nicht daran aufzugeben. Um schon einmal einen Anfang zu kriegen, stellten wir einen Adoptionsantrag. Falls sich dann doch noch eigene Kinder einstellten, umso besser! Doch dann wurde meine Mutter plötzlich todkrank. Ich hatte schreckliche Angst, sie zu verlieren, und flehte Gott an, ihr zu helfen und sie zu heilen. In meiner Angst und Verzweiflung machte ich Gott ein Angebot. Ich wollte ihm ein Opfer bringen, damit er meine Bitte nicht abschmettern kann. Es war eigentlich mehr ein Handel, den ich anbot: ich wollte auf eigene Kinder verzichten, keine medizinischen Eingriffe vornehmen zu lassen, wenn meine Mutter gesund würde. Gleichzeitig stellte ich aber die Bedingung, dass es dafür aber wenigstens mit der Adoption klappen müsse. Ahnst Du, was geschah? Wenige Monate später – genau neun Monate nach Antragstellung – durften wir unsere älteste Tochter nach Hause holen! Sie war gerade zwei Wochen alt. Ja, und auch meine Mutter wurde wieder ganz gesund, sie hatte den Krebs besiegt!

Ich platzte fast vor Freude und Dankbarkeit. Nicht für den Bruchteil einer Sekunde kam mir der Gedanke, dass Gott ein solches Opfer gar nicht wollte, dass dieser Handel lächerlich war und nur zeigte, dass mein Gottvertrauen doch nicht so groß war, wie ich immer glaubte. Vielleicht kannst du nachempfinden, dass ich mich heute für meinen Kleinglauben damals schäme. Doch meine Angst und meine Verzweiflung waren so groß, dass ich keinen anderen Ausweg sah. Und natürlich hielt ich mich ängstlich an meinen Teil der Abmachung und unternahm nichts mehr, um selbst noch schwanger zu werden und bat auch nie wieder darum. Doch eines spürte ich durch diese Erlebnisse auch: ich empfand eine große Nähe zu Gott. Ich hatte wirklich das tiefe Empfinden, Gott sieht mich – mich ganz persönlich. Er kennt mich und nimmt sich meiner an. Im Grunde empfand ich ja schon lange so. Allein mein Vertrauen war nicht groß genug, mich auch ganz auf Gottes Güte zu verlassen. Auf unsere zweite Tochter mussten wir vier Jahre warten, wie Du ja weißt. Sie war 15 Monate alt, als wir sie zu uns holen durften.

Für und mit unseren Kindern betete ich von Anfang an, meisten am Abend. Und jetzt gebe ich dir zu raten, welches Gebet ich mit ihnen sprach, seit sie sprechen konnten? Richtig: ‚Lieber Gott, mach mich fromm, ...!' Aber es dauerte nicht lange, da wurde dieses Gebet durch frei formulierte Gebete ersetzt. Ich wünschte meinen Töchtern eine von Anfang an vertrauensvolle Beziehung zu Gott. Zu einem Gott, der sie liebt und dem sie alles anvertrauen können. Ich habe die Saat in sie gelegt, ob sie aufgeht, liegt nicht in meiner Hand. Doch ich glaube daran und bete nach wie vor für sie, und ich bin sicher, Gott sieht auch nach ihnen. Sonst hätte ich die schwierige Zeit mit unserer Jüngsten auch kaum durchhalten können. Du weißt, wie viel Ängste und Sorgen ich ihretwegen ausgestanden habe. Ich habe mich ja oft genug bei dir ausheulen dürfen, wofür ich jedes Mal sehr dankbar war. Ich meine die Phase, als sie geklaut hat, uns immer wieder belog, nicht für die Schule lernte, ja nicht einmal hinging. Ständig war sie mit Jugendlichen zusammen, die man sich nicht gerade als Umgang für seine Kinder wünscht. Was das Schlimmste war: sie mauerte sich uns gegenüber ein und war für uns praktisch unerreichbar. Das tat sehr weh und ich hatte große Angst um sie. Immer wieder flehte ich Gott an, ihr zu helfen, dass sie sich helfen lässt. Sie litt ja genau so wie wir auch. Ihre Seele schrie und sie blieb stumm! Ich betete verzweifelt, Gott möge ihr Menschen an die Seite stellen, von denen sie Hilfe annimmt.

Im Laufe der Jahre gab es diese Hilfe immer wieder und auch wir beide bewegten uns Schritt für Schritt ganz langsam wieder aufeinander zu. Heute verstehen wir uns besser denn je. Zwischen uns ist neues Vertrauen gewachsen und dafür bin ich Gott dankbar. Erinnerst du dich an die Zeit, wo mein Mann nach Studium und Promotion keine Anstellung fand? Auch das war eine schlimme Durststrecke. Ich betete mit ganzer Kraft, mit Leib und Seele darum, dass er Arbeit finden möge. Und er fand tatsächlich eine Anstellung, als meine Verzweiflung am größten war. Dies geschah nicht nur einmal. Du kannst jetzt natürlich sagen, das sei Zufall oder, wenn man lange genug wartet und sich bemüht, gelingt so manches. Mag sein, dass du sogar Recht hast. Ich aber hatte das sichere Gefühl, Gott sieht nach mir. Ich bin ihm wichtig und er will, dass ich glücklich bin. Und dieses Gefühl verleiht mir Kraft und Stärke, wirkliche Wüstenzeiten durchzustehen.

Von einem ganz intensiven Gebetserlebnis muss ich dir noch erzählen. Es war, als ich meine Mutter zu einer Herzoperation nach Brüssel begleitet habe. Es war geplant, dass sie nach drei bis vier Tagen wieder zurückverlegt werden sollte nach Essen zur Weiterbehandlung. Doch es gab Komplikationen und aus wenigen Tagen wurden zwei Wochen! Zwei schlimme Wochen, in denen die Genesung völlig ungewiss war und ich unter größter Einsamkeit und Angst litt. Dagegen halfen auch tägliche Telefonate mit der Familie nicht. Ich sprach kein Französisch und vom Pflegepersonal niemand Deutsch, so dass ich keine beruhigende Auskunft von den Ärzten, geschweige denn ein tröstendes Wort hörte. In dieser Zeit hatte ich sozusagen eine ‚Standleitung' zu Gott und betete sehr intensiv – doch ich handelte dieses mal nicht mit ihm. Ich wollte vertrauen! Und als ich für mich ganz klar hatte, Gott wird uns helfen, da erfuhr ich es auch zum ersten mal unmittelbar und beinahe körperlich. Ich spürte, wie aus dem Bauch heraus eine ungeheuere Kraft und Ruhe in mir aufstieg. So, wie ich es vorher noch nie erfahren habe. In diesem Moment wusste ich mit absoluter Sicherheit, die Sache hier wird gut ausgehen. Und so war es auch.

All die Erlebnisse, von denen ich dir erzählt habe, festigten meine Beziehung zu Gott immer ein Stückchen mehr. Ich glaube, Gott kann man nicht lernen, durch Erziehung oder aus Erzählungen. So kann man ihn wohl kennen lernen. Aber erst wenn man ihn erfährt, baut sich eine Beziehung auf. Ich sehe meine Beziehung zu Gott und meine Art zu beten nicht als etwas Besonderes an. Das gehört einfach ganz normal zu meinem Leben. Einem Leben, in dem bei weitem nicht immer alles glatt lief und in dem sich längst nicht alle Pläne verwirklichen ließen, so wie ich es mir vorstellte. Vielleicht liegt das aber auch daran, dass ich Gottes Lebensplan für mich noch immer nicht begriffen habe. Bis auf den heutigen Tag habe ich meine Art zu beten beibehalten und werde es auch ganz sicher weiter tun. Alles, was mich bewegt, große Freude, tiefe Dankbarkeit, Enttäuschung, Wut, Schmerz, Liebe – alles, was zu meinem Leben gehört, teile ich Gott mit, teile ich mit ihm. Egal, wo ich gerade gehe oder stehe. Manchmal unhörbar mit Gedanken, oft auch laut und fast immer allein. Vielleicht half mir das in der Vergangenheit immer wieder, Belastendes besser zu verarbeiten. Ganz sicher aber habe ich auf meine Art im Gebet schon viel Kraft schöpfen können.

Längst gehe ich regelmäßig in den Gottesdienst – was nichts damit zu tun hat, dass ich zum katholischen Glauben übertrat, als unsere älteste Tochter in die Schule kam. Der Wechsel war übrigens für mich logische Konsequenz. Ich hatte ja bereits seit Jahren mehr Kontakte zu katholischen Gemeinden als zu evangelischen. Dennoch ist es für mich nach wie vor nicht von Bedeutung, welcher christlichen Konfession jemand angehört, solange er und sie nur an den einen Gott glauben. Nein, Gottesdienst zu feiern ist mir ein Bedürfnis geworden, nicht Pflicht. Hier kann ich Gott noch einmal auf andere Weise und ungestört nahe sein. In der Kirche meiner Heimatgemeinde ganz besonders. Dort ist auf der Wand hinter dem Altar ein wunderschönes Mosaik vom auferstandenen Christus zu sehen. Mit offenen Armen kommt er mir entgegen. Ich habe dir einmal erzählt, dass ich mich von diesem Bild besonders angezogen fühle, weil dieser Auferstandene an der gleichen Stirnseite einen dunklen Mosaikstein eingearbeitet hat, wo ich ein Muttermal habe. Es hat sogar ziemlich die gleiche Form. Wieso mir das erst Jahre nachdem wir in die Stadt gezogen waren auffiel, weiß ich nicht. Jedenfalls fühlte ich mich von dem Moment an hier – und besonders in dieser Kirche – zu Hause.

Du siehst, deine Frage hat mich zurückschauen und feststellen lassen, wie prall gefüllt mein Leben bisher schon war. Es gab und gibt viel Liebe und Zuwendung aber auch viele Sorgen und Belastungen. Ein buntes Leben, das durch Begegnungen mit wunderbaren Menschen viel Reichtum erhielt und immer wieder erhält. Ich erwarte jeden neuen Tag mit freudiger Spannung, was er wohl für mich bereithält. Das wichtigste für mich jedoch ist, dass mein Vertrauen zu Gott in allem groß genug ist, um jeden Tag auch zu bestehen – den glücklichen wie den schweren. Und wenn ich einmal die Richtung verloren habe, wird er mich irgendwie wieder an die Hand nehmen und führen. Und wie oft schon hatte Gottes Hilfe menschliche Gestalt. Ich freue mich immer wieder, dass zwei Menschen mit so unterschiedlichen Voraussetzungen wie wir sie mitbringen, so unkompliziert über Gott und Glaube miteinander reden können. Ich freue mich auch schon auf unser nächstes Treffen und bin gespannt, was dann unser Thema sein wird.

Zum Schluss noch ein Gebetstext, der vielleicht auch dich anspricht:

Guter, freundlicher Gott,
Du kennst mich wie niemand sonst.
Du siehst in die Tiefe meiner Seele.
Du kennst mein Leben.
Du weißt, was gut war und was schlecht.
Du bist alle Wege mit mir gegangen, die geraden
und die krummen.
Alle waren wichtig.
Die krummen, um zu wachsen und zu reifen,
und Verständnis für die Schwächen anderer
zu entwickeln.

Die geraden, um an mich zu glauben, mein Selbstwertgefühl zu stärken.
Ich habe Deinen Lebensplan für mich immer noch nicht begriffen.
Aber gerade das macht mein Leben ja so spannend.
Ich freue mich auf jeden neuen Tag.
Auf jede neue Begegnung.
Auf jeden Neubeginn.
Ich weiß, Du bleibst bei mir und willst, dass ich glücklich bin.
Und bitte, hab Geduld mit mir,
wenn ich mal wieder voll Begeisterung in die falsche Richtung laufe.

Einen herzlichen Gruß und Umarmung schickt Dir Deine Freundin"

Mein Beten

Je länger ich über mein Beten nachdenke, umso schwieriger fällt es mir, etwas aufzuschreiben. Zur Zeit bin ich in einer fremden Stadt bei einer Freundin. Sie bekommt eine neue Hüfte. Gestern ist sie operiert worden und ich habe sie begleitet. Das Einzige, was ich in dieser sehr schwierigen Stunde für sie tun konnte, war Beten. Auch jetzt an ihrem Bett beten wir gemeinsam. Ohne Worte, still. Wir spüren das Band des Daseins.

An ganz normalen Tagen nimmt mein Beten einen anderen Weg: Morgens, wenn ich aufwache, so zwischen Traum und Dasein, fühle ich mich von Gott gehalten. Ich danke dafür, – noch halb im Schlaf. Das ist eine sehr kostbare Zeit. Wenn der Wecker klingelt, sieht es anders aus. Dann spreche ich ein Gebet, das ich seit Kindertagen kenne: *„Oh Gott, Du hast in dieser Nacht so väterlich für mich gewacht ...“*

Der erste Gedanke ist dann, dass ich nicht sofort aufstehen muss. Das Gebet verschafft mir so noch einige Minuten wohlige Zeit. Das Gebet vor dem Frühstück ist kurz, manchmal vergesse ich es leider. An besonderen Tagen beten wir mit der ganzen Familie das Vaterunser und das Gegrüßest-seist-du-Maria, – dann spüren wir alle wie schön es ist, gemeinsam zu beten. Wir sind dann ein wenig nachsichtiger miteinander und freundlicher den Tag über.

Wenn ich zu meiner Arbeit fahre, höre ich stets im Radio die Morgenandacht. Das weitet mir den Blick. Meistens danke ich dann, dass es mir so gut geht. Beim Autofahren spreche ich die Gedichte, die mir besonders lieb sind. Die Gedichte sind für mich wie Gebete. Besonders gerne spreche ich ein Gedicht von Hermann Hesse, das „Stufen“ heißt. Ein anderes ist mir auch sehr lieb; es ist von Peter Härtling und es beginnt „Wenn jeder eine Blume pflanzte...“ Mit diesem zweiten Gedicht nehme ich mir dann vor, gut auf diesen Tag zu achten, weil er das Leben ist, – das Leben allen Lebens. In dem kurzen Ablauf dieses Tages liegt für mich ja alle Wirklichkeit und Wahrheit des Daseins. Und ich will, mit meinem Beten nach der Wonne des Wachsens und der Größe einer jeden Tat suchen. Wenn ich so bete, dann ist das Gestern für mich nichts als ein Traum und das Morgen nur eine Vision. Wenn ich das Heute jedoch recht lebe, macht es jedes Gestern zu einem Traum voller Glück und jedes Morgen zu einer Vision voller Hoffnung. Darum bemühe ich mich, gut auf jeden Tag zu achten.

Nachdem ich bei meiner Arbeit einen Parkplatz gefunden habe, danke ich Gott auch dafür. Meist muss ich noch etwa 10 Minuten laufen. Ich hab's schon einmal mit Joggen probiert, aber das tut mir nicht gut. So laufe ich im Rhythmus des „Gegrüßest-seist-du-Maria". Es ist schön für mich, wenn ich spüre, dass sich das Beten und das Gehen aufeinander einstellen. Bei allem, was mir den Tag über glückt und was gut ist, versuche ich Gott zu danken. Eigentlich kann ich sogar sagen, dass es eine ständige Verbindung ist.

Einen besonderen Zeitpunkt im Ablauf der Woche bildet der Donnerstag. Er ist mein ‚Putz-Feiertag'. Dass ich zu Hause sein kann, dass ich putze, dass mich niemand stört, dass ich Taizé-Lieder hören kann – all das gibt mir einen Boden zur Offenheit. Es gibt mir Gelegenheit, das Leben zu spüren.

Das Gebet beruhigt mich immer. Auch wenn ich große Angst habe, kann ich beten. Dann wird meine Seele ruhig. Das Beten tut mir so gut, dass ich manchmal das Gefühl habe, in Gott hinein geboren zu werden. Das ist für mich ein kostbarer Schatz, egal ob es mit oder ohne Worte geschieht.

Ich glaube fest an die Kraft des Gebetes, über alle Grenzen hinweg. Auch über die Grenze des Todes geht diese Verbindung. Dieses Beten für die lieben Verstorbenen und das Gebet mit ihnen tröstet mich sehr.

Lehre uns beten!

Biblische Betrachtungen

Maria von Nazareth – besonnen und jubelnd beten

Maria von Magdala – über die Notwendigkeit von Tränen

Marta von Bethanien – Gottesgegenwart oder Hausarbeit?

Ein namenloser Mensch betet mit Willen und Widerstandskraft

Die Frauen und Männer, die Jesus von Nazareth nachfolgten, erlebten, wie ihr Meister sie immer wieder verließ, um in der Einsamkeit zu beten. So richten sie an ihn die Bitte, sie im Beten zu unterweisen: „Herr, lehre uns beten!" (Lk 11,1). Seine Antwort besteht in den zentralen Aussagen des „Vaterunser". So geht das fundamentale Gebetsformular der Getauften auf Christus selbst zurück. Doch übermitteln nicht allein die direkten Jesus-Worte das spirituelle Konzept der Frohbotschaft. Das Neue Testament als Ganzes eröffnet Wege zur Gestaltung der eigenen Gottessehnsucht. In einzelnen Gestalten spiegeln sich bestimmte Ausdrucksformen des Gebetes. Ob nun der Akzent beim Jubel, bei der Klage oder bei den Tränen liegt, – jeweils tritt bei einzelnen Frauen der Bibel ein spirituelles Charakteristikum hervor. Diesen Eigenheiten des Betens soll in diesem Kapitel anhand von vier Beispielen nachgegangen werden.

Maria von Nazareth – besonnen und jubelnd beten

Kalenderblätter und Meditationsbücher zeigen oft Bilder von der Verkündigung: Maria kniet oder steht in einem stillen Raum, der an eine Kapelle erinnert. Die schöne Architektur soll das Geschehen würdig umrahmen, – doch dieser Rahmen engt die Szene auch ein und verharmlost sie.

Ein Buch ist zumeist aufgeschlagen. Maria scheint auf diesen Bildern im Gebet versunken, als ihr der Engel die Botschaft von Schwangerschaft und Geburt bringt. Eine Botschaft von der Geburt, die alles verändern soll. Es wird die Geburt Gottes in der Welt sein.

Doch der Schrifttext gibt zunächst gar kein frommes Umfeld her. Wir wissen nicht, in welcher Situation sich Maria befand. Das Lukas-Evangelium schildert lediglich, dass ein Engel nach Nazareth kommt (Lk 1,26–38):

Im sechsten Mond aber ward der Engel Gabriel von Gott entsandt in eine Stadt Galiläas namens Nazareth zu einer Jungfrau, die anvertraut war einem Mann namens Josef aus dem Haus Davids. Der Name der Jungfrau war Maria. Und er trat bei ihr ein und sprach: Sei gegrüßt, Hochbegnadete, der Herr ist mit dir. Sie aber erschrak sehr bei dem Wort und machte sich Gedanken, was dieser Gruß bedeutete. Da sprach der Engel zu ihr:
Ängstige dich nicht, Maria!
Denn Gnade hast du gefunden bei Gott.
Und da! Du wirst im Schoß empfangen
und einen Sohn gebären,
und du sollst seinen Namen Jesus rufen.
Er wird ein Großer sein
Und Sohn des Höchsten gerufen werden:
Und geben wird ihm der Herr – Gott –
Den Thron seines Vaters David.
Und König wird er sein über dem Haus Jakob
Die Weltzeiten hin.
Und seines Königtums wird kein Ende sein.
Sprach Maria zum Engel:
Wie soll das geschehen, da ich keinen Mann erkenne?
Und der Engel hob an sprach zu ihr:
Heiliger Geist wird über dich kommen,
und die Kraft des Höchsten wird über dich kommen,
und Kraft des Höchsten dich überschatten.
Darum wird auch, was nun gezeugt wird,
„heilig" gerufen werden: Sohn Gottes.
Und da! Elisabeth, deine Verwandte – auch sie hat einen Sohn empfangen, in ihrem Alter.
Und dies ist der sechste Monat für sie – die Unfruchtbare, wie sie gerufen wurden.
Denn von Seiten Gottes ist nichts unmöglich – kein Ding.
Sprach Maria:
Da! Ich bin die Magd des Herrn, geschehe mir nach deinem Wort!
Und der Engel ging von ihr.

Die Zeitangabe „im sechsten Monat" bezieht sich auf Elisabeth, eine Verwandte Marias, der auch ein Kind verheißen ist. Sie wird uns später noch begegnen.

Der Botschafter Gottes, der Engel, hat als Ziel eine junge Frau in Nazareth. Maria wird nur kurz vorgestellt. Eine unverheiratete Frau, die sich aber schon mit einem gewissen Joseph verlobt hat.

Interessant aber ist nicht nur das, was von Maria gesagt wird, sondern auch, was nicht erwähnt wird. So wird ihre Herkunft nicht genannt. Kein Wort über ihre Ursprungsfamilie. Dass sie in Nazareth lebt ist kein Ruhmesblatt, denn das galiläische Städtchen, das wir heute mit Respekt und religiöser Ehrfurcht nennen, war damals eher verrufen. Maria lebt nicht im Schatten des Jerusalemer Tempels, nicht im Glanz des religiösen Zentrums, nicht in einem Kloster oder einem Domkapitel. Sie ist eben nicht die Tochter eines Hohepriesters und wächst nicht in einer Welt auf, die von funktionaler Geschäftigkeit des Betens und der religiösen Sprache übersättigt ist. Darum stutzt sie auch, als sie plötzlich angesprochen wird. Überraschend heißt es: Maria erschrickt. Sie gehört also nicht zu den religiös Abgebrühten, die ständig Frommes hören und sogleich wieder vergessen. Marias Herz ist nicht abgestumpft, sondern höchst achtsam.

Ihr Schrecken ist verständlich: „Der Herr ist mit dir!" Was wird ihr da zugemutet? Doch die geistliche Grundhaltung Marias bleibt nicht bei dem Schrecken stehen. Sie schaltet ihren Verstand ein. Beten hat für Maria die Form des Überlegens angenommen. Sie beschränkt das Beten nicht auf das emotionale „Aufschäumen" von Erfahrungen oder Betroffenheiten. Ganz wirklichkeitsnah überlegt sie, was diese zunächst bedeutungsoffenen Sätze für sie bedeuten können. Zu der Grundhaltung des Betens zählt Maria offensichtlich die Verstandeskräfte.

Ihre vorsichtige Zurückhaltung wird nun nicht mit Vorwürfen oder mit Druck beantwortet. Vielmehr ist es der Weg Gottes, den Schrecken und die Furcht des Menschen ernst zu nehmen. Der Engel spricht Maria auf ihre Angst an: „Ängstige dich nicht, Maria!" Und er erläutert seine erste Ankündigung. Maria soll ein Kind bekommen, einen Sohn, der den Thron Davids auf ewig erben werde.

Die Aussagen des Engels müssen Maria mehr als unbegreiflich, ja geradezu ungeheuerlich vorgekommen sein. Doch sie lässt sich nicht – wie es im Bereich der Spiritualität allzu oft geschieht – zu frommem Überschwang und schwärmerischer Verzückung hinreißen. Sie bleibt ganz bei sich. Ihr „Lebensgebet" zeichnet sich durch Gelassenheit aus. Der Visionsentwurf des Engels sprüht vor Verheißungen. Maria aber weiß, dass Kinder nicht vom Himmel fallen. Sie ist sich sicher, dass die Voraussetzungen für eine Schwangerschaft bei ihr nicht gegeben sind. Also fragt sie nach. Der Engel muss sich richtig Mühe geben. Bei Maria handelt es sich nicht um ein „frommes Schäfchen". Der Engel hat sich mit einer Frau auseinander zu setzen, die mit ihrer eigenständigen Persönlichkeit den Vätern und Müttern des Gottesvolkes – wie Abraham und Sarah, Isaak und Rebekka, Jakob und Rachel – ebenbürtig ist.

Maria fragt hartnäckig weiter. Wenn Gott sie ganz will, dann will sie mit all ihren Fragen vorkommen dürfen. Die Antwort des Engels besteht aus zwei Teilen: Zunächst erläutert er das Handeln Gottes mit theologisch schwer wiegenden Begriffen. Dann führt er eine zweite Argumentationslinie ein, die Maria menschlich sehr nahe kommt: Die unerwartete und überraschende Schwangerschaft Elisabeths. Diese doppelte Darlegung setzt etwas in Maria in Bewegung. Sie sieht ihre vernunftgemäßen Vorbehalte zu einem guten Teil beantwortet und vor allem hat sie nun einen Maßstab für die Wahrheit der Engelsrede, nämlich das neue Leben, das in Elisabeth heranwächst. So stimmt Maria zu. Sie folgt ihrer Intuition und erklärt sich bereit, den Willen Gottes als Leitlinie ihres Lebens anzuerkennen. Da der Engel nun sein Ziel erreicht hat, kann er sich verabschieden. Maria ist wieder allein.

Oft enden Betrachtungen über die Gottesmutter mit ihrer Aussage: „Ich bin die Magd des Herrn." Darin wird ihre endgültige, unwiderrufliche Zustimmung gesehen. Ohne der Verlobten des Joseph ein Zaudern zu unterstellen, lässt sich aber feststellen, dass die Gesprächsatmosphäre unübersehbar die Spuren von Scheu und Befangenheit zeigt. Maria reagiert zurückhaltend, fast furchtsam und besorgt. Eine jubelnde Zustimmung findet sich noch nicht. Die junge Frau in Nazareth bleibt recht verhalten. Das berühmte „fiat" (lat. „es geschehe") erklingt noch nicht im vollem Ton.

Das letzte „Beweismittel" des Engels nimmt Maria ganz ernst. Er hat gesagt, Elisabeth erwarte ein Kind, obwohl das aller Lebenserfahrung und allem menschlichen Wissen widerspricht. Maria will nun die Wahrheit der Engelsverheißung unmittelbar sehen. Sie hat sich auf das Wort Gottes eingelassen; jetzt will sie dem angekündigten Wunder nachgehen. Sie hat zugestimmt, – dennoch zögert sie nicht, die Wahrheit der Verheißungen an der Wirklichkeit zu messen. Also macht sie sich auf (Lk 1,39–46.56).

Maria aber stand auf in diesen Tagen, machte sich bereitwillig auf den Weg ins Gebirge, nach einer Stadt in Juda. Sie trat in das Haus des Zacharias und bot Elisabeth den Friedensgruß. Und es geschah: Als Elisabeth den Gruß Marias hörte, hüpfte das Kind in ihrem Leib, und Elisabeth wurde voll heiligen Geistes. Und sie rief mit gewaltigem Schrei und rief und sprach:
Du Gepriesene unter den Frauen!
Gepriesen auch die Frucht deines Leibes!
Und von woher geschieht mir, dass die Mutter meines Herrn zu mir kommt?
Denn da! Als laut ward dein Gruß in meinen Ohren,
hüpfte jubelnd das Kind in meinem Leib.
Ja, selig ist, die geglaubt hat, dass zur Vollendung komme,
das ihr vom Herrn Gesagte!
Und Maria blieb etwas drei Monde mit ihr zusammen. Dann kehrte sie nach Hause zurück.

Wie wir gesehen haben, steht Maria mit beiden Beinen im Leben. Nun eilt sie zu Elisabeth. Der beschwerliche Weg von Nazareth bis ins Bergland von Judäa war und ist kein Spaziergang. Maria bricht nicht „Hals über Kopf" auf; sie handelt nicht unbedacht. Erst nach einigen Tagen des Überdenkens und inneren Prüfens macht sie sich auf. Das Lukas-Evangelium hält sich nicht lange mit bunten Reiseschilderungen auf. Präzise kommt es zum entscheidenden Punkt: Die Begegnung der beiden Frauen. Diese Begegnung trägt wie die Verkündigung durch den Engel etwas Wunderbares in sich. Elisabeth hört die Stimme Marias und das neue Leben, das auf Gottes Verheißung hin in ihr heranwächst, gerät in Bewegung: Das Kind hüpft. Elisabeth spürt, dass mit ihrer Verwandten etwas besonderes geschehen ist. Hier zeigt sich, was „Heiliger Geist" bedeutet: Mit der Liebe und der Unvoreingenommenheit Gottes wahrnehmen und sich berühren lassen. Elisabeth sieht nicht mehr nur eine junge Frau, die sie kennt, weil sie mit ihr verwandt ist. Sie spürt das große Geheimnis des Lebens Marias. Hier herrscht keine gesellschaftlich korrekte Konvention; Elisabeth zögert nicht, ihre Wahrnehmung ins Wort zu bringen. Es gibt offensichtlich Erfahrungen, die nicht gefiltert oder gehemmt werden können, ohne sich zu verfälschen. Die werdende Mutter legt sich keine künstliche Zurückhaltung auf. In ihrem Jubel bestätigt sie mittelbar auch das, wonach Maria unausgesprochen fragt: Ich erwarte ein Kind. Das zarte Leben in ihr reagiert ja so sensibel auf die Frau aus Nazareth.

In der Zartheit dieser menschlichen Begegnung findet die göttliche Ankündigung ihre Bestätigung. Das Gotteswort bewahrheit sich in der Liebe zweier Menschen. Was Maria sich selbst nicht sagen kann, bringt ihre Verwandte ins Wort: Mit dir ist etwas ganz Besonderes.

Was Maria in der Gottesbegegnung erfährt, lässt sich durch keine kriminalistische Beweisführung sichern. Doch diese Erfahrung sucht nach einem Echo, nach einem Zeugnis, dem ihr Leben vertrauen kann. Genau das findet sie in

Elisabeth. Das in der Stille Empfundene will noch einmal menschlich vermittelt werden, damit es in seiner ganzen Kraft und Dynamik erkennbar wird.

Manchmal ist es das traurige Schicksal gottesbegabter Frauen, niemanden zu finden, die zu ihr sagt: „Mit dir geschieht etwas Großes!" oder „Du bist jemand, die von Gott berührt ist!" Manchmal ist es notwendig, dass eine „Hebamme" hilft, die verborgenen Talente und Begabungen ans Licht und zum Leben zu bringen. Und deshalb wird Maria drei Monate bei Elisabeth bleiben, um ihr als Dank bis zur Geburt des ersehnten Kindes beizustehen.

Die Kathedrale im französischen Chartres beherbergt eine Figurengruppe aus dem 12. Jahrhundert, die die zarte und fürsorgliche Zuwendung Elisabeths thematisiert. Maria, die durch eine Krone identifiziert wird, steht zögernd und gedankenverloren neben ihrer Verwandten. Diese legt ihr liebevoll und stärkend den Arm um die Schultern. Zudem ergreift Elisabeth ihr Handgelenk. Sie nimmt nicht die Hand, sondern wie bei einem Kind oder einer hilflosen Person fasst sie oberhalb zu. Maria muss nicht selbst zufassen; sie kann getrost auf die Vertraute bauen. Elisabeth hat hier die Initiative; sie führt Maria weiter. Es geht der steinernen Skulptur um die behutsame Unterstützung, die bisweilen auf dem Weg zur Gottesgegenwart nötig ist. Elisabeth kann Maria diese Stärkung schenken, weil sie selbst in sich das neue, von Gott gewollte Leben spürt. Hier wird klar: Liebe ist nicht nur ein Wort, Liebe ist herzlich, innig und voll Zärtlichkeit. Liebe treibt diese beiden Frauen an, aufeinander zuzugehen und sich sehr nahe zu kommen. Wenn ein Mensch von Gott erfüllt ist, wenn ein Mensch es mit Gott zu tun bekommt, dann wird er diese Nähe und Gegenwart Gottes auch an seine Mitmenschen mit Zurückhaltung und Freiheit in der je angemessenen Form weitergeben.

Die liebevolle Aufmerksamkeit Elisabeths ist ein Gebet. Ein Gebet, das das Wunder der Geburt Gottes in einem Menschen thematisiert. Diese Worte Elisabeths an Maria sind

Königsportal der Kathedrale von Chartres (12. Jahrhundert). Maria (rechts) wird liebevoll von Elisabeth begrüßt und umarmt.

der Tradition so wertvoll geworden, dass sie den Grundbestand des meditierenden Rosenkranzgebetes bilden.

Gegenüber dem Engel klingt das Einverständnis Marias noch verhalten, – ja etwas zugeknöpft und dickflüssig. Jetzt erahnt sie durch die Zusage Elisabeths die göttliche Wirklichkeit ihres Lebens in seiner Höhe und Tiefe. Die Dämme der vornehm-vorsichtigen Reserviertheit brechen. Die Geistkraft Gottes setzt nun Ungeahntes frei. Maria betet mit prophetischer Kraft. Sie ist durch die Geschichte hin die kongeniale Schwester der Mirjam, die das Lied der Befreiung anstimmte und tanzte (Ex 15,20–21). Maria steht in der Erfahrung ihres Volkes mit dem Gott, der Israel aus der Unterdrückung des Pharao herausführte. Ihr geistvolles – im besten Sinn des Wortes „begeistertes" – Gebet erscheint fast wie ein vorweggenommenes Pfingstfest (Lk 1,46–55):

Und Maria sprach:
Groß rühmt mein Leben den Herrn,
und mein Geist jubelt ob Gott, meinem Retter,
weil er die Niedrigkeit seiner Magd anblickt.
Denn da! Von nun an preisen alle Geschlechter mich selig,
weil Großes mir getan der Kraftvolle.
Und heilig ist sein Name.
Und sein Erbarmen: Geschlecht für Geschlecht
Über denen, die ihn fürchten.
Gewaltiges tut er mit seinem Arm,
zersprengt die im Herzen hochmütig Gesinnten.
Machthaber stürzt er von Thronen
Und Niedrige erhöht er.
Hungernde füllt er mit Gutem
Und Reiche sendet er leer weg.
Er nimmt sich Israels an, seines Knechtes,
des Erbarmens gedenkend,
so wie er unseren Vätern zugesprochen,
dem Abraham und seinem Gespross – auf Weltzeit hin.

Die junge Frau aus Nazareth jubelt über das Geheimnis ihres Lebens, das sie mit Elisabeths Hilfe erfassen konnte.

Sie schämt sich ihrer Situation nicht und sie spricht offen davon, eine geringe Frau zu sein. Doch ihr Beten verharrt nicht im Privaten: Hochmut und Reichtum der Mächtigen werden als gottesfeindlich entlarvt. Die alten Verheißungen der Schrift leben in diesem Gebet auf. Die Zusagen an das Gottesvolk sind nicht von gestern; sie sind gefährlich lebendig. Maria zeigt, wie das innere Gebet und die zärtliche Aufmerksamkeit füreinander, die aus diesem Beten erwächst, neue Perspektiven hervorbringt. Was die Tradition ihres Volkes an Kraft in sich birgt, bricht in ihrem Jubel erneut auf. Was für die Ureltern Israels galt, bezieht Maria auf sich. Ihr Gebetsjubel verliert sich nicht ins Ekstatisch-Nebulöse. Ihr Beten schöpft aus dem Reichtum der göttlichen Verheißungen; – auch deshalb ist es überaus konkret.

Eine solche Geisteskraft erfüllt Marias Beten, dass die Kirche es in der Feier der Vesper Abend um Abend wiederholt, ohne es je ganz auszuloten. Das Gebet einer jungen Frau, die sich in Besonnenheit, Hingabe und Leidenschaft bereit erklärt, Gott zur Welt zu bringen!

Maria von Magdala – über die Notwendigkeit von Tränen

Es gibt eine Frau im Neuen Testament, die ist für allerlei Ungewöhnliches gut. Angeblich sprengt sie, Maria aus Magdala, den ernsthaft dozierenden Rahmen, in dem sich Jesus mit seinen Zuhörern befindet und nähert sich ihm in eigenartiger Weise. Nicht ohne erotische Konnotationen, wie die männlichen Schreiber durchblicken lassen. Sie ist wohl einmal eine vermögende Witwe gewesen, die sich in schweren seelischen Konflikten befand, die Bibel spricht von „Dämonen" (Lk 8,1–3). Sie war in einer psychischen Ausnahmesituation und schließt sich nach ihrer Genesung der Jesusgruppe an, möglicherweise will sie – eine erfahrene Frau – mehr von dem Meister. Eine Beziehung ausschließlicher Qualität?

Wer genösse es nicht, seine Füße gewaschen und gesalbt zu bekommen (Lk 7,36ff), welch wohlige Entspannung bringt das für den Gesalbten! Und das tut sie, eine Frau bei einem Mann, nimmt dann ihr eigenes Haar, Symbol ihrer weiblichen Anziehungskraft, und trocknet damit seine Füße.

Die neutestamentlichen Berichterstatter lassen aber keinen Zweifel daran, dass weder Jesus noch die weiteren Frauen seiner Gefolgschaft sie ablehnen. Maria von Magdala ist integriertes Mitglied der Jüngerschaft. Angefeindet wird sie – wenn – von den Männern in der Nachfolgegemeinschaft. Vielleicht, weil sie eine Klaviatur spielt, auf die der Meister reagiert, die ihr einen Zugang von Frau zu ihm als Mann verschafft, die den Männern aber nicht zur Verfügung steht? Schnell ist da die Rede von moralischer Bedenklichkeit, schnell die Vorverurteilung als anrüchige Frau.

Manche meinen, es sei dieselbe Maria, die mit ihrer Schwester Marta und dem Bruder Lazarus lebt, den Meister zu sich nach Hause einlädt und ihm zu Füßen seinen Ausführungen lauscht. Sie meinen, nur ihr zuliebe erweckte Jesus den Bruder Lazarus vom Tod zum Leben.

Zudem ist sie eine Frau mit Mut, immerhin geht sie am Ostermorgen zum Grab. Damit überschreitet sie streng gesetzte Grenzen, denn einer Frau ist es bei schwerer Strafe verboten, die Stadt vor Sonnenaufgang zu verlassen. Sie weiß um das hohe Risiko der Entdeckung ihrer Tat.

So, in mannigfaltigen Facetten unterschiedlichster Couleur, haben viele Frauen und Männer, in der Tradition das Bild der Maria aus Magdala gezeichnet. Sie haben es überzeichnet, sich von ihren eigenen Interessen, menschlichen und theologischen, gar moralischen Abwertungen leiten lassen, um damit das Evangelium zu instrumentalisieren oder zu pädagogisieren. Die Gestalt der Maria aus Magdala ist dahinter fast verschwunden, es scheint unmöglich, hinter all dem Missbrauch, den sie hat erdulden müssen, einen Blick auf ihr Eigenständiges, ihren Beitrag zur frohen Botschaft zu werfen. So ist an keiner Stelle die Rede davon, sie verfüge etwa über ein außerordentliches Gebetsrepertoire, über spirituelle Eigenheiten mit denen sie möglicherweise dem Meister imponiert habe, die für eine damalige Frau erwähnenswert und bis heute beispielhaft sein könnten.

Auf vielen alten Bildern ist zu sehen, was die Legendenbildung im Anschluss an die Verbreitung des Jesusglaubens in Europa über Maria von Magdala berichtet hat. Nachdem sie sich unter dem Einfluss Christi vom „wohllüstigen" Leben bußfertig abgekehrt hatte, machte er sie zu seiner Vertrauten und erschien zuerst ihr am Ostermorgen. Später habe sie, zusammen mit ihrem Bruder Lazarus und ihrer Schwester Marta, als Apostolin in Südfrankreich gewirkt. Dort habe Maria „mit friedlichem und heiterem Gesicht und angemessenen Worten" viele Menschen zum Christentum bekehrt. Für die „Legenda Aurea" sind weder der Missionsstil noch der Erfolg der Frau aus Magdala eine Überraschung, da „es ja kein Wunder ist, dass der Mund, der den Füssen des Erlösers so fromm und liebevoll Küsse gegeben hatte, mehr als der anderer Menschen voll war vom Duft des göttlichen Wortes".

Nachdem sie zahlreiche Wunder gewirkt hatte, ging sie als Einsiedlerin in die Wüste, wo sie dreißig Jahre lang an jedem Tag zu den sieben kanonischen Stunden von Engeln in den Himmel gehoben wurde, um den Lobgesang der himmlischen Chöre mit ihren leiblichen Ohren zu hören und mit himmlischer Speise gesättigt zu werden. Als sie starb, blieb an der Stelle, an der sie verschied, ein süßer Duft zurück, der sich sieben Tage lang hielt.

Die alten Legenden, die ein versöhnliches und liebevolles Bild der Maria von Magdala zeichnen, verschweigen ihre eigenen Grenzen dennoch nicht. Auch sie bleiben innerhalb der Konventionen, nach denen für ein heiligmäßiges Leben in der Nachfolge Christi bestimmte Bedingungen eingehalten werden müssen. Als da sind die bekannten Topoi wie Gebet, Predigt und Mission, Wundertätigkeit und Askese.

So wird die Annäherung an diese Frau aus der Nachfolgegemeinschaft Jesu uns Zeitgenossinnen und Zeitgenossen von Feministischer Theologie, Rollenkonfusion und Gendertrainings, Globalisierung und Cerankochfeld auch nicht leicht gemacht! Dennoch, – es gibt eine Spur in dieses Leben, einen roten Faden aus der Geschichte dieser Frau, der auch im heutigen Verstehenshorizont kommunikabel ist und einen Windhauch der Maria aus Magdala, ihrer Frömmigkeit und ihres Gebetes spürbar werden lässt.

Das Johannesevangelium berichtet an seinem Ende vom Besuch der Maria von Magdala am Grab Jesu. Viel Gewalt ist geschehen in den Tagen vor diesem Besuch, und viele Einzelne waren daran beteiligt. Jetzt herrscht Totenstille. Noch zittert förmlich die Luft in Jerusalem vom Aufruhr des Mobs, vom Geklirre der römischen Waffen und der Angst einiger, zur Jesusanhängerschaft hinzugezählt zu werden. Ermordet von der römischen Besatzungsmacht sind drei Männer, einer davon, nachdem er zusätzlich gefoltert wurde. Dieser, der religiös-charismatische Führer einer Gruppe stand im Mittelpunkt einer brutalen Schau, bei der römische und jüdische religiöse Elite zusammengearbeitet haben.

Viele hatten damals Interesse daran, diesem Jesus den Garaus zu machen oder die Stimmung des Mobs auszunutzen, um das eigene Schäfchen ins Trockene zu bringen. So war eine Dynamik entstanden, aus vielen kleinen Rachegelüsten, fehlender Courage, bequemen Wegschauens, die Jesus von Nazareth das Leben gekostet hatte.

Den Pharisäern war dieser Jesus schon lange ein Dorn im Auge, ein bedrohlicher Unruhestifter, der sie in ihrer Oberflächlichkeit, ihrem Kastendenken und ihren materiellen Interessen bloßstellte. Es fand sich jemand, der für die Pharisäer zu lügen bereit war und angab, Jesus habe behauptet, den Tempel in drei Tagen niederreißen und wiederaufbauen zu können. Das war Gotteslästerung!

Dann Judas: getrieben vom Ehrgeiz und Geldgier kollaborierte er mit den Widersachern. Er verrät Jesus mit einem Kuss; er verdreht dieses Zeichen für Freundschaft und Zuwendung für seine, auch für ihn tödlich endende Denunziation.

Das tobende Volk, Frauen und Männer, der Pöbel auf der Straße. Alle waren geil auf Spaß, am Kitzel interessiert. „Kreuzige Ihn!" zu brüllen, das heizte die Stimmung an, keiner schien bereit nachzudenken. Mitlaufen, mitmachen, Belustigung, Spaß und billige Unterhaltung zu suchen, das war das Gebot des Tages!

Auch Petrus hatte sich nicht von seiner besten Seite gezeigt. Sein überschäumendes Temperament kostete zwar einen der Schergen vorrübergehend ein Ohr. Gegenüber der Magd, die ihn im Hof des Hohen Rats als Anhänger Jesu erkannte, griff er schnell zur verleugnenden, für ihn bequemen Lüge. Er war getrieben von der Angst, dass es auch ihm an den Kragen gehen könne.

Die Idee, auf den korrupten Pilatus als Unterbrecher dieser Mordmaschinerie zu setzen, war auch niemandem ernsthaft gekommen. Zwar war er unentschieden, wusste, dass Jesus ein Schauprozess gemacht werden sollte und versuchte halbherzig, Jesus freizulassen. Auch er ließ sich dann korrumpieren und erpressen. Eine Beschwerde in Rom über ihn war ihm dieser Jesus nicht wert. Herodes ebenfalls, er konnte nichts Übles über Jesus kolportieren, aber es schien ihm allemal besser, sich dem Mob zu beugen. Er hatte schließlich etwas zu verlieren, seinen Status. So ließ er Jesus wider besseres Wissen hinrichten.

Unter dem Kreuz wird Jesus von den vorübergehenden Frauen und Männern verhöhnt. Stark fühlen sie sich jetzt. Sich lustig machen auf Kosten der Schwachen, das machte so richtig gute Gefühle.

Die mörderische Gewalt des Tages hatte alle und alles im Griff und hing noch über Stadt, greifbar im Verbot der römischen Besatzungsmacht, das Grab eines Hingerichteten aufzusuchen!

Nur wenige zeigten Mut und stellten sich wenigstens innerlich gegen dieses Morden.

Die Frau des Pilatus versuchte noch, ihren Mann zu beeinflussen, setzte ihre weiblichen Potenzen gegen das Verbrechen. Vermessen zu glauben, dass die sensiblen Bilder ihrer Seele, ihr Traumgesicht, über das sie mit großer intuitiver Sicherheit ihrem Mann berichtet, sein imperialistisches System beeinflussen konnte. Sie konnte so nichts mehr für Jesus tun und musste ohnmächtig dem Lauf des Geschehens zusehen.

Simon von Cyrene wählte den Weg der kleinen Geste. Still tat er, was er für den Gefolterten noch tun konnte, offener Widerstand hätte niemanden mehr genutzt. Er trug ihm das Kreuz. Hätte er es nicht getan, wäre er vom Mob oder den Römern gelyncht worden. Letztlich verhalf er so dem Volksbelustigungsstück Kreuzigung zum Erfolg, in seiner Hilflosigkeit wusste er sich nicht anders zu verhalten.

Der römische Hauptmann verdiente sein Geld mit dieser Kreuzigung. Er hat die ganze Zeit über zu seinen Ambivalenzen geschwiegen, er hat leicht reden: „Dieser war wahrhaft Gottessohn". Geholfen hat er ihm nicht, er hat sich versteckt und seinen Mund gehalten, auf die Weisungen der

Vorgesetzten gehört, auch er ist ein Opfer dieser Gewalt und zugleich ein Rädchen in ihrem Getriebe.

Unter dem Kreuz Jesu stehen Johannes, sein Lieblingsjünger, und seine Mutter. Maria, seine Mutter, hat eine ganz eigene Geschichte mit ihrem Sohn. Er hat sie zurückgewiesen, oft genug, und gerade deshalb ist es wahr, dass sie unter dem Kreuz steht. Ihre Geschichte miteinander ist erprobt. Nicht aus Affenliebe ist sie da, sondern weil sie diesen Mann, ihren Sohn, liebt und zu ihm steht. Nichts anderes als das kann sie für ihn tun.

Von Ferne sahen seine Anhänger zu, aus Angst, mit hineingezogen zu werden. Die Nähe seiner Mutter Maria und des Johannes haben sie nicht.

Verzweifelt und ängstlich haben einige ihrer Freundinnen und Freunde aus der Jüngergruppe gebetet, mit den überlieferten Psalmen Gott um Hilfe gebeten, von ihrer Not berichtet. Leise und im Verborgenen. Zu groß war die Gefährdung, durch offenen Protest erkannt zu werden.

All das ist Maria von Magdala auf dem Weg zum Grab gegenwärtig, die brutale Schau der Gewalt, die Ohnmacht und Unzulänglichkeiten all derer, die damit nicht einverstanden waren. Keiner hatte die Macht, weder durch Tat noch eine Form des Gebets, die Maschinerie des Todes während der vergangenen Tage aufzuhalten. Sie hat es selbst miterlebt. Jetzt bringt sie den Mut auf, entgegen dem Verbot der Römer, das Grab Jesu aufzusuchen. Die jüdischen Gebräuche wollen es so. Sie ist allein. Die Männer haben sich versteckt, aus Angst vor Repressalien?

Hier setzt der Bericht des Johannes ein (Joh 20,1–19):

Am ersten Wochentag aber, früh – noch dunkel war es – kommt Maria aus Magdala zum Grab und erblickt den Stein vom Grab weggenommen. Sie läuft also und kommt zu Simon Petrus und zu dem anderen Jünger, dem Jesus Freund war, und sagt zu ihnen:

Den Herrn haben sie aus dem Grab genommen und wir wissen nicht, wo sie ihn hingelegt haben. Also zogen Petrus und der andere Jünger hinaus und gingen zum Grab. Die beiden liefen zugleich. Der

andere Jünger aber lief schneller – Petrus voraus – und kommt als Erster zum Grab. Und er bückt sich hinein und erblickt die Leinentücher liegen – hinein aber ging er nicht. Nun kommt – ihm folgend – auch Simon Petrus. Und er ging ins Grab hinein. Und er schaut: Die Leinentücher lagen da, aber das Schweißtuch, das auf seinem Kopf war, lag nicht bei den Leinentüchern, sondern abseits, zusammengewickelt an einem Platz. Dann kam auch der andere Jünger herein, der als Erster ans Grab Gekommene; er sah und glaubte. Allerdings hatten sie die Schrift noch nicht verstanden, dass er von den Toten auferstehen müsse. So gingen die Jünger wieder nach Haus.
Maria aber stand weinend außen am Grab. Wie sie dahinweinte, bückte sie sich ins Grab hinein. Und sie schaut zwei Engel, in Weiß dasitzend – einen beim Kopf und einen zu Füßen, wo der Leib Jesu gelegen. Und die sagen zu ihr: Frau, was weinst du? Sagt sie zu ihnen: Meinen Herrn haben sie weggeholt, und ich weiß nicht, wo sie ihn hingelegt haben. Sie sprach das und wandte sich zurück – da schaut sie: Jesus steht da. Sie wusste aber nicht, dass es Jesus war. Sagt Jesus zu ihr: Frau, was weinst du? Wen suchst du? Da sie wähnt, es sei der Gärtner, sagt sie zu ihm: Herr, wenn du ihn weggetragen hast, sprich zu mir, wo du ihn hingelegt hast, damit ich selber ihn weghole. Sagt Jesus zu ihr: Maria! Die wendet sich um und sagt hebräisch zu ihm: Rabbuni! Das heißt: Lehrer! Sagt Jesus zu ihr: Halt mich nicht fest! Denn noch bin ich nicht zum Vater aufgestiegen. Doch geh zu meinen Brüdern und sprich zu ihnen: Ich steige auf zu meinem Vater und eurem Vater, zu meinem Gott und eurem Gott. Maria aus Magdala geht und kündet den Jüngern an: Ich habe den Herrn gesehen! Und das habe er zu ihr gesprochen.

Von den Jüngern begleitet niemand Maria. Vielleicht wissen die Männer noch gar nicht, wie es ohne den Rabbi weitergehen soll. Vielleicht sind sie damit beschäftigt, einen anderen zum Führer ihrer Gruppe auszuwählen. Offensichtlich sind sie handlungsunfähig, möglicherweise hat die Angst sie gelähmt.

Von Maria erfahren sie nun, dass der Stein vom Grab weggenommen ist und der Leichnam Jesu verschwunden ist. Jetzt erst wagen sie sich aus ihrem Versteck und laufen schnell zum Grab, konstatieren, dass der Bericht Marias wohl richtig gewesen sei. Sie zeigen sich seltsam rational, emotionslos und abgeklärt. Sie stellen fest, dass Maria die Wahrheit gesagt hat, einige Kleinigkeiten wie die Binden hat sie wohl übersehen, aber es ist so, wie die Frau gesagt hat. Schluss, fertig. Jetzt glauben sie, so der Bericht des Johannes, der hier seltsam blutleer wirkt. Woran macht sich die Glaubenskraft des Petrus und des Johannes fest? Eine Übung des Verstandes?

Anders Maria. Sie macht sich auf, um der Gewalt ihr Eigenes entgegenzusetzen. Sie scheut sich nicht, trotzt der damit verbundenen Gefährdung (gerade für Frauen) und geht zum Grab. Sie will dem Leichnam die ihm zustehende rituelle Verehrung zukommen lassen. Sie lässt sich nicht kopflos machen, und geht heraus aus dem Versteck. Sie weiß sehr gut, dass sie damit auch sich und ihre Beziehung zu Jesus rettet. Der dem Opfer zustehende Ritus ist auch für sie identitätsstiftend, denn so bewahrt sie ihre Haltung! Sie betrauert die geschehene Gewalt, sie thematisiert sie aufs Neue, indem sie zum Grab geht. Achtung gebührt dem Verstorbenen, das denkt sie sicher, aber diese Achtung hat auch sie verdient! Sie bezieht Stellung, bringt sich in ein Verhältnis zu dem Geschehenen.

Nachdem die Männer weggegangen sind, bleibt sie am Grab. Vielleicht erinnerte sie sich ihres ursprünglichen Vorhabens, vielleicht ist sie aber auch einfach nur ratlos und weiß gar nichts mehr zu tun. Selbst der Leichnam scheint den Anhängern Jesu noch genommen worden zu sein, jemand hat ihn entfernt. Wahrscheinlich, damit das Grab nicht zur Kultstätte der Jünger wird.

Sie weint. Für eine Frau eine nahe liegende Reaktion, das denken sicher viele Menschen. Nur eine Frau wagt, öffentlich zu weinen. Es wird ihr als typische weibliche Schwäche ausgelegt. Maria lässt ihren Tränen freien Lauf, sie sind Ausdruck ihrer Hilflosigkeit und Verzweiflung. Sie klagt und weint.

Doch die Tränen lassen die Wirklichkeit nicht verschwimmen. Sie öffnen und weiten diese. Durch ihre Tränen hindurch erst sieht sie die Engel im Grab. Da erfährt sie Aufmerksamkeit durch die beiden, denn sie fragen nach dem Grund ihres Weinens. Ihre Tränen erst ermöglichen den Blick auf die Engel. Sie waschen ihr quasi die Augen frei für einen klaren Blick auf die beiden, die dort sitzen.

Auf ihr Weinen spricht auch der Auferstandene sie an. Durch ihr Weinen wird ihr Blick klar und sie erkennt ihn als Jesus von Nazareth.

Die Tränen der Maria sind es, die wie ein Brennglas das Osterereignis in die menschliche Perspektive rücken. Durch sie erst wird Ostern verstehbar.

Sie sind es, die den weggewälzten Stein verstehen machen, für sich allein bleibt der Stein ein Symbol des Todes und der Gewalt, der Abschluss der mordlüsternen Karfreitagsgeschehnisse. Groß und schwer, von keines Menschen Kraft allein zu bewegen, Zeichen des Schmerzes und der Zerstörung.

Maria weint, sie verharmlost die Gewalt nicht, sie tut sie nicht ab mit einem oberflächlichen „Das werden wir auch noch hinbiegen!“, sie negiert sie nicht, sondern sie lässt ihren Gefühlen freien Lauf. Auf die ihr eigene, weibliche Weise.

Und diese ist es, die die Auferstehung in den Blick bekommt. Sie sieht das neue Leben als Erste.

Das Geschehene bleibt, die Hinrichtung Jesu lässt sich nicht mehr ungeschehen machen, aber durch den Blick der Tränen ist das Wesentliche hinzugekommen. Im Ernstnehmen ihres Schmerzes, im Fließen ihrer Tränen erfährt Maria den Trost, den Aufschein der österlichen Botschaft.

An keiner Stelle des Evangelienberichtes ist die Rede davon, Maria habe sich am Grab durch besonders umfängliche oder intensive Gebete hervorgetan. Sie weint.

Von Augustinus stammt das schöne Wort, die Tränen seien das Grundwasser der Seele. Wasser, das Leben spen-

Das Bild von Martin Schongauer (1450–1491), entstanden ca. 1480, zeigt Maria aus Magdala und den Auferstandenen. Er trägt ein rotes Tuch – Zeichen der Liebe, der Hoffnung und der Freude. Ihr weißes Trauergewand ist aufgeschlagen, das Innenfutter ist vom gleichen Rot! Die Innenseite ihres Leids ist die Liebe!

det, welches das Leben befruchtet. Frauen, die schnell weinen, bringen zur Entschuldigung oft vor, sie seien „nahe am Wasser gebaut“. Wie schön: Nahe am Grundwasser der Seele!

Wie gut, dass Maria anscheinend auch nahe am Wasser gebaut war. So kam sie nicht auf den Gedanken, mit dem Vater, der den Mittelpunkt der Botschaft Jesu bildete, zu verhandeln. Zu versuchen, ihn durch irgendeine Form des Opfers milde zu stimmen, damit er aus der augenblicklichen Zwangslage helfe. Ihre Lebensquellen brachen hervor. Wo ihr Wasser sprudelte, wuchs neues Leben im Zeichen des Auferstandenen.

Die Realität der Gewalt, die Maria nicht süßlich verharmlost und vor der sie sich nicht versteckt, die für sie noch ganz aktuelle Erinnerung an das Kreuz, Zeichen der Gewalt, werden durch die Tränen ihrer Augen sichtbares Heilszeichen!

Die Tränen der Maria aus Magdala laden ein, den Stein auf der Quelle der eigenen Tränen wegzuwälzen und dem Blick der Tränen zu vertrauen. Wir leben in der Zusage, dass Gott am Ende alle Tränen wegwischen wird (Apk 21,4), aber wir müssen sie erst weinen!

Sie müssen geweint werden, um dürre Seelen zu bewässern, um Erschütterung und Zerknirschung Ausdruck zu verleihen, auch um Jubel und Freude Raum zu geben. All diesem Weinen ist gemein, dass es Zugänge zum Göttlichen im Leben schafft, Kommunikation zwischen Mensch und Gott eröffnet und Neues wirksam werden lässt. Gibt es eine schönere Beschreibung für ein Gebet?

Marta von Bethanien – Gottesgegenwart oder Hausarbeit?

Oft stehen Frauen vor der Frage, ob sie sich der Hausarbeit mit den vielen kleinen und großen Herausforderungen widmen oder ob sie etwas „für ihre Seele“ tun sollen. Die Alternative könnte auch „Arbeit oder Gebet“ lauten. Auf jeden Fall ruft sie Spannungen und Unzufriedenheiten hervor, wenn der Eindruck überwiegt, beidem nicht gerecht werden zu können.

Zu dieser Spannung haben fünf Verse des Lukas-Evangeliums grundlegend beigetragen: Der Besuch Jesu bei den Schwestern Marta und Maria. Kaum eine zweite biblische Erzählung hat das katholische Frauenbild in der Neuzeit so nachhaltig geprägt. Die Auslegungstradition gerade des 19. Jahrhunderts sah prinzipiell nur zwei, deutlich von einander getrennte Rollen für Frauen vor. Auf der einen Seite die fromme Ordensfrau, die sich wie Maria ganz dem Herrn widmet und daher von der Handarbeit frei bleibt. Neben dieser eher kleinen Gruppe der Erwählten, die in schon fast ätherischer Abgeschiedenheit allein der Gottesliebe hingegeben waren, stand die Masse derjenigen Frauen, die wie Marta den alltäglichen „Kampf“ mit den Widrigkeiten des Haushaltens zu bestehen hatten. Sie waren die bienenfleißigen Wesen, die dienstbar, abhängig und unermüdlich für das äußere, das leibliche Wohl der anderen – der Kinder, der Männer, der Eltern, der Geschwister – sorgten. Viele ältere Frauen sind von diesem Erziehungsmodell nachhaltig geprägt worden, und es ist nicht selten, dass aus dieser Generation die genannte Schriftstelle aufs heftigste abgelehnt wird.

Die Tragik der traditionellen Auslegung liegt aber nicht nur in der unnötigen Verengung der Wahlmöglichkeiten, sondern besonders darin, dass der Lebensweg der Hausfrau Marta auch noch als der „schlechtere“ dargestellt wurde. Marta macht die Arbeit, sie muss sich schinden und wird zum Schluss auch noch deswegen gerüffelt: Sie scheint wie ein dummes Kind dazustehen, das sich zwar redlich bemüht, aber stets das Falsche tut. Oft klingt es heutigen Hörerinnen noch in den Ohren, dass Maria den „besseren" Teil erwählt habe. Die Aussageabsicht des ursprünglichen Bibeltextes ist dies jedoch nicht!

Wenn wir hier eine veränderte Perspektive gewinnen wollen, lohnt sich der Rückgriff auf die mittelalterliche Frömmigkeit! Dabei offenbart sich Überraschendes: In einer Zeit, die heute mit einem gewissen Hochmut oft als „dunkel" angesehen wird, finden sich weite und anregende Interpretationen unserer Schriftstelle. Die folgenden Überlegungen sind angeregt von einem großen spirituellen Lehrer, Meister Eckhart (ca. 1260–1328), der in einer seiner Predigten (Nr. 28) die Schwestern Marta und Maria als Verkörperung von zwei Lebensphasen bzw. Frömmigkeitsformen deutet.

Zuvor ein Hinweis: Es ist eine gute geistliche Übung, den Versuch zu unternehmen, ein Wort des Evangeliums zu hören, als hörte man es zum ersten Mal. Oft sind unsere Verstehenswege fast unentrinnbar festgelegt. Die Interpretationslinie kann dann nicht mehr verrückt werden. So könnte die Einstellung des „ersten Hörens" gerade bei unserer Erzählung hilfreich sein, weil sie vielleicht doch Aspekte und Perspektiven bietet, die eine althergebrachte Exegese eher übersieht. Es ist ein Zeichen der Gegenwart des Heiligen Geistes, wenn Neues zum Leben kommt, auch ein neues, verändertes Schriftverständnis. Die Offenbarung des Johannes weiß von dem Gotteswort: „Da! Neu mache ich alles!" (Apk 21,5). Diese Zusage gilt den Erlösten. Und es kann ein Zeichen der Erlösung sein, einen neuen Blick auf die Erzählung von Marta und Maria (Lk 10,38–42) zu werfen und sie etwas „gegen den gewohnten Strich zu bürsten":

Als sie weiterwanderten, kam er in ein Dorf.
Eine Frau namens Marta nahm ihn in ihrem Haus auf.
Sie hatte eine Schwester, die Maria gerufen wurde.
Die hatte sich dem Herrn zu Füßen gesetzt und hörte sein Wort.
Marta aber musste sich schinden mit vielen Diensten.

Und sie trat auf und sprach:
Herr, kümmert es dich nicht, dass meine Schwester mich allein dienen lässt? Sag ihr doch, dass sie mit mir zufasst.
Der Herr aber hob an und sprach zu ihr:
Marta, Marta! Du sorgst dich und regst dich über vieles auf; aber man braucht nur eins. Maria hat also den guten Teil gewählt, der ihr nicht genommen werden soll.

Wie ein geschickter Kameramann geht der Evangelist am Anfang vor: Zunächst spricht er davon, dass „sie" weiterwanderten, um dann davon zu sprechen, dass „er", also Jesus, in ein Dorf kommt. Die Gestalt Jesu wird regelrecht „herausgezoomt", hervorgehoben. Die anderen spielen vorderhand keine Rolle mehr. Wir werden später noch sehen, woher Jesus kommt, denn das Vorhergehende ist für die Deutung von Maria und Marta höchst bedeutsam.

Doch folgen wir zunächst einfach und genau dem Text: Jesus kommt in ein Dorf und eine Frau mit Namen Marta nimmt ihn auf. Sie verfügt über ein eigenes Haus, d.h. sie ist eine selbständige Person, die sich ein eigenes Lebensumfeld erarbeitet und aufgebaut hat. Das Lukas-Evangelium stellt Marta nicht über einen Ehemann, Vater oder Bruder vor. Sie hat ein eigenes Profil, einen eigenen Stand. Sie verfügt über ein eigenes „Lebenshaus".

Dieses Haus bildet nicht den verschlossenen Ort eines behüteten Rückzugs. Marta lässt Menschen, lässt das Leben hinein. Und sie lässt die Botschaft Gottes hinein. So liegt in der biblischen Schilderung die Handlungsinitiative von Anfang an bei Marta. Sie wird sofort als entgegenkommend und offen geschildert. Es heißt nicht wie beim Besuch Jesu beim Zöllner Zachäus, dass der Herr sich quasi selbst einladen muss (Lk 19,5). Nein, – Marta wartet nicht züchtig-vornehm ab, sie hat das Gesetz des Handelns auf ihrer Seite. Im sozialen und religiösen Umfeld der damaligen Zeit ist der Besuch Jesu im Haus einer Frau als ein außerordentliches Ereignis anzusehen, denn nach dem rabbinischen Vorschriften machte ihn dies kultisch unrein. Doch diese Reinheitsvorschrift übergeht der Mann aus Nazareth, weil es ihm um den Menschen und nicht um die Gesetze und Vorurteile geht. Jesus bringt Marta offensichtlich eine solche Wertschätzung entgegen, die eine so gewagte Grenzüberschreitung rechtfertigt. Es ist sein ausdrückliches Interesse, im „Lebenshaus" Martas gegenwärtig zu sein. Der erste Vers bringt uns also schon ein hohes Maß an Informationen. Vor allem aber zeichnet er sich durch eine erstaunliche Hochachtung für Marta aus.

Merkwürdig: Von Maria ist noch keine Rede. Sie wird erst im zweiten Vers eingeführt und zwar als Martas Schwester. Maria wird über Marta definiert. Die Begegnung zwischen Jesus und Maria kann ja nur deshalb stattfinden, weil es das Haus der Marta gibt und sie den Herrn aufnimmt. Im übertragenen Sinne heißt das doch: Nur weil Marta ein „Lebenshaus" hat, in dem sie die Dimension Gottes zulässt, kann Maria etwas von Gott erfahren. Marta ist eine individuierte, erwachsene Frau. So können wir mit Recht vermuten, dass Maria ihre jüngere Schwester ist. Sie verfügt noch nicht über ein so entfaltetes und tiefgründendes „Lebenshaus". Maria steht noch in einer anderen Lebensphase. Sie ist angewiesen auf die „Milch der unmittelbaren Unterweisung"; die feste Nahrung, das „Schwarzbrot" der Nachfolge Jesu verträgt sie noch nicht. Vielleicht sucht Maria nur das wohlige Gefühl und den Trost der Christusbegegnung. Jesus wendet sich ihr entsprechend ihrer Möglichkeiten und Wünsche zu, da er sie so annimmt, wie sie ist. Er überfordert Maria nicht, sondern fördert sie. Auch wenn darin die Gefahr liegen könnte, im frommen Wohlgefühl zu ertrinken, wendet Jesus sich nicht ab. Es gibt offensichtlich Zeiten, die vom Hören auf das göttliche Wort, von der Trostsuche geprägt sind und geprägt sein dürfen. Eine Überordnung Marias oder eine Abwertung Martas kann aus diesem Vorgehen allerdings nicht abgeleitet werden.

Während des Gespräches zwischen Christus und Maria, ist Marta in voller Aktion. Es ist eine Situation, die sich scheinbar ungebrochen durch die Jahrhunderte fortgesetzt hat: Da kommt ein Gast – und die Hausfrau beginnt so intensiv in der Küche zu schaffen, dass der Besuch sie nur in kurzen Auftritten erlebt. Ist der Gast versorgt, sinkt die Gastgeberin erschöpft auf einen Stuhl, um sich nur noch zum baldigen Abschied zu erheben. Dann ist die Frustration groß. Die Hausfrau hat ihr Bestes gegeben, aber die Zeit läuft davon und Freude, Genuss und Glück des Besuches bleiben anderen vorbehalten. Man könnte hier mancherlei Kompromisse erfinden, um einen offenen Ärger zu umgehen. Eine sehr weibliche „Konfliktvermeidungsstrategie" würde eventuell versuchen, die Spannungen zu minimieren, – selbst auf Kosten des eigenen Interesses.

Doch das ist nicht der Weg Martas. Sie will sich nicht stumm in ein solches Schicksal fügen. Sie begehrt auf. Maria soll ihr helfen. Es ist Ausdruck einer tiefen Verbundenheit mit Christus, dass Marta ihre Kritik an ihn wendet. Wie leicht hätte Marta ihre Schwester unter einem Vorwand in die Küche bitten können, um sie dort anzufauchen und sie mit „Gift und Galle" zur Unterstützung zu zwingen. Doch Marta kühlt ihren Unmut nicht an der Unterlegenen. Sie bezieht den Herrn mit in ihr Aggressionsverhalten ein. Damit folgt sie der Gebetstradition ihres Volkes, das in den Psalmen auch die Erfahrung von – bisweilen blinder – Wut kennt, sie thematisiert und darin zu einer Heilung führt. Das Gebet Martas, ihr Gespräch mit der Dimension Gottes, die Jesus von Nazareth repräsentiert, ist nicht „weichgespült", lau oder luftig-unverbindlich. So können wir sagen, dass sie lebensvoll, entschieden und offensiv betet. Aggressionen sind ihr nicht per se eine Sünde, sondern eine Lebenskraft, die zu Gott führt, aber auch von ihm entfernen kann. Für sie persönlich heißt das, engagiert auf Jesus zu zugehen und ihm das eigene Unbehagen, die eigenen Schatten nicht kunstvoll zu verbergen. Da das Gespräch mit Jesus Christus ihr Leben gestaltet, haben ihre Mitmenschen einen Gewinn davon, denn Maria muss nun nicht den verborgenen, uneingestandenen Hass ihrer Schwester fürchten. Martas Gefühle werden transparent und einschätzbar.

Die Beziehung zwischen Jesus und Marta muss von Vertrauen und Akzeptanz getragen gewesen sein, denn es ist aufschlussreich, wie er reagiert. Dies umso mehr, als Jesus ansonsten auf Vorhaltungen und indirekte Anweisungen mit großer Schärfe antworten kann. Als z. B. Petrus ihn nach der Leidensankündigung korrigieren will, weist Jesus ihn entschieden zurück: „Weg da, hinter mich, Satanas! Ein Ärgernis bist du mir." (Mt 16,22–23) Nicht einmal der Verräter Judas wird so mit dem Bösen identifiziert. Oder wenn wir an die brüske Zurückweisung seiner Mutter denken, die ihm bei der Hochzeit in Kana diskret zu verstehen gibt, dass er doch etwas tun möge, um die Peinlichkeit des Getränkemangels zu vermeiden: „Was ist zwischen dir und mir, Frau!" (Joh 2,4) Die Reaktionen Jesu können schneidend und heftig ausfallen, wenn er sich in seiner Handlungsfreiheit bedroht sieht.

Umso mehr überrascht es, dass Marta nicht nur ungeschoren davon kommt, sondern achtungsvoll behandelt wird. Es ist einzigartig im Neuen Testament, dass Jesus von Nazareth den Namen eines Menschen doppelt: „Marta, Marta!" Zumeist wird bereits beim Vorlesen die Namenswiederholung eindeutig vorwurfsvoll ausgedeutet; dabei können diese Interpretationen – je nach Seelenlage des Vorlesenden – zwischen beleidigt und messerscharf schwanken. Doch dieser verurteilende Ton entspricht nicht der Absicht des Textes. Jesus begegnet Marta mit großen Respekt. So betont die zweimalige Namensnennung Verlässlichkeit und Einfühlung: „Ich kenne dich gut, du bedeutest mir viel!" Martas Sorgen, Aufregungen und Mühen werden nicht herabgewürdigt.

Viele Christinnen und Christen haben im Laufe der Kirchengeschichte diese liebevolle Wertschätzung für Marta meditiert. Eines der schönsten Ergebnisse dieser Meditation stammt von dem Maler Jan Vermeer (1632–1675). Auf ei-

Jan Vermeer van Delft (1632–1675). Jesus im Hause Martas. Maria sitzt hörend Christus zu Füßen, während Marta Brot bringt. Die Gesichter Jesu und seiner Gastgeberin sind einander zugewandt und bilden den Schwerpunkt des Bildes.

nem seiner frühesten Gemälde sehen wir die Begegnung im Hause der Marta. Maria sitzt dem Herrn zu Füßen und Marta bringt Brot für die bevorstehende Mahlzeit. Da Jesus über die Schulter zur rückwärtig stehenden Marta schaut, kommen sich ihre Gesichter immer näher. Sie tauschen einen tiefen, intensiven Blick. Die beiden Köpfe bilden den optischen Schwerpunkt des Gemäldes. Wer auf dem Bild alles bis auf diese beiden Gesichter abdeckt, dem offenbart sich eindringlich, dass Vermeer zwei sich innig verstehende Menschen darstellen wollte. So wundert es nicht, wenn Marta hier keinesfalls als verhärmte, missmutige Nörglerin erscheint, sondern als schöne, reizende Frau. Es ist kein Tadel Jesu zu beobachten.

Vermeer sieht Maria in einer Nebenrolle. Sie ist liebreizend, aber noch unerwachsen. Die Hand Jesu zielt auf die irgendwie abseits Sitzende; sein Augenmerk gilt deren Schwester. Der Herr weiß, Maria braucht noch die unmittelbare Zuwendung als geistliche Nahrung und er will, dass Marta ihr diesen Raum lässt. Aber er will wiederum nicht, dass Maria darin verharrt. Maria ist in einem wichtigen Stadium des geistlichen Weges, – aber sie ist noch nicht am Ziel. Der letzte Vers der biblischen Erzählung spricht Maria den „guten Teil“ zu, den sie auf ihrem Weg zu einer gereiften Frömmigkeit gerade nötig hat. Es gibt berechtigterweise auch eine Zeit, um dem Herrn zu Füßen zu sitzen.

Sicher kann man fragen, ob die vorliegende Auslegung nicht selbst zur Einseitigkeit neigt? Für die Antwort ist es angezeigt, das Umfeld unseres Textes zu betrachten. Wo kommt Jesus eigentlich her, als Marta ihn aufnimmt? Unmittelbar zuvor hatte es eine Diskussion mit einem Gesetzeslehrer gegeben, dessen Frage: „Wer ist mein Nächster?“ von Jesus mit dem Gleichnis vom barmherzigen Samariter (Lk 10,30–37) beantwortet wird: Zwar wird das schwer verwundete Opfer einer Gewalttat von religiösen Würdenträgern – einem Priester und einem Leviten – entdeckt, doch beide lassen ihn kaltherzig liegen. Sie werden sicher gute –

und vor allem: fromme – Gründe für ihr Handeln haben. Es gibt für sie Wichtigeres zu tun! Oder fürchten sie die kultische Verunreinigung durch den Kontakt mit Blut? Wie dem auch sei, – erst ein Samariter, also ein Abtrünniger und Götzendiener, bringt das Gottesgesetz der Liebe zur Geltung, indem er den Halbtoten rettet, versorgt und auch noch seine Pflege sichert. Jesus entlässt den Gesetzeslehrer mit der Aufforderung: „Geh und tu auch du desgleichen." Der tätige Dienst des Samariters gilt ihm als die wesentliche Gestalt einer jeden Spiritualität, die sich am Gott der Bibel orientieren will.

Dieses Konzept der Bewährung des Glaubens im Alltäglichen, im Kleinen und im Dienen überträgt das Lukas-Evangelium nun mit der Episode von Maria und Marta in den zeitgenössischen Lebensbereich von Frauen. Hier wie dort geht es darum, Gott im eigenen Leben zuzulassen, ihn einzuladen und ihm in seiner Hingabe nachzufolgen. Die Schwestern Marta und Maria stehen für verschiedene Phasen auf dem Weg zur spirituellen Reifung. Es ist gerade auf dem Hintergrund der Gleichniserzählung von barmherzigen Samariter nicht unberechtigt, Marta als die anzusehen, die auf dem Weg der Nachfolge Jesu schon vorangeschritten ist. Sie dient Christus mit ihrer ganzen Existenz. Ihr Gebet und ihre Arbeit wachsen zusammen. Nicht, dass sie bereits vollkommen wäre, – sie bedarf durchaus noch der Korrektur. Aber sie hat schon weite Felder ihres Lebens für den Dialog mit Christus und für die Begegnung mit dem Geheimnis Gottes erschlossen! Für sie kann das ganz ungekünstelt und echt auch in der Hausarbeit oder in der offenen Entrüstung geschehen.

Das zurückgezogene Gebet hat zweifelsohne seine Berechtigung, denn gerade das kontemplative Beten blendet die Notwendigkeit konkreter Taten nicht aus. Meister Eckhart spricht einmal von dem Verhältnis von konkreter Nächstenliebe und tiefer Gebetserfahrung (Traktat Nr. 10): „Wäre ein Mensch so in Verzückung, wie's St. Paulus war,

Meister des Marta-Altars (ca. 1517), Nürnberg, St. Lorenz. Marta überwindet ein Ungeheuer, indem sie es segnet. Unter dem Segen speit der Drache einen Menschen wieder lebend aus. Zugleich kann Marta das Bedrohliche zähmen und gleichsam „an die Leine nehmen“.

und wüsste einen kranken Menschen, der eines Süppleins von ihm bedürfte, ich erachtete es für weit besser, du ließest aus Liebe von der Verzückung ab und dientest dem Bedürftigen in größerer Liebe."

Wir haben im Laufe unserer Betrachtung gesehen, wie Marta ihre Wut herauslässt und auf diese Weise ihre Aggressionen bändigen und kultivieren kann. Die christliche Tradition hat diesen Charakterzug aufgegriffen und in eine bildreiche Form gebracht. So erzählt eine alte Legende, dass Marta nach Tod und Auferstehung Jesu mit dem Schiff in Südfrankreich angekommen sei, um dort die Frohbotschaft zu verkündigen. In der Provence habe eine Stadt schwer unter einem Ungeheuer namens Tarascus gelitten. Dieser Drache habe zahlreiche Menschen getötet und schlimme Verwüstungen angestellt. Marta habe ihn aufgesucht, ihm gut zugeredet und ihn gesegnet. Daraufhin sei das Untier friedlich geworden und habe die gefressenen Menschen wieder ausgespien. Endlich habe Marta den Drachen beauftragt, seine Kraft zum Ziehen eines Pfluges einzusetzen, um so Nahrung für sich und andere zu schaffen.

Unser Bild vom sog. Marta-Altar aus der Nürnberger Lorenz-Kirche (um 1517) zeigt die legendarische Situation des Segnens und der Herausgabe der Opfer. Marta tritt dem Monster ganz unbewaffnet entgegen. Nur das Kreuz, das Zeichen des Lebens, führt sie mit sich. Mit ihrer Rechten segnet sie den Drachen. Das lateinische Wort für segnen führt uns auf eine wichtige Spur der Spiritualität Martas: „benedicere" meint in seinem Grundbestand zunächst „gut-sagen". Marta sagt damit zu dem Ungeheuer: „Ich sehe dich. Du bist da. Und es ist gut, dass du da bist." Sie rechtfertigt seine Untaten nicht, aber sie verdammt das Dunkle des Drachen nicht grundsätzlich. Das Bild zeigt deutlich: Marta verleugnet das Bedrohliche nicht, sondern sieht ihm ins Auge, – und sieht wohl auch seine Chancen. Darin formuliert sich eine große Weisheit: Nur wenn ich das Dunkle sehe und annehme, kann ich es zum Leben wandeln.

In dem „Gut-sagen“, also im Segnen, nimmt Marta das Ungeheuer an die Leine; sie führt es und gibt ihm eine neue Richtung. Unsere Schriftstelle erzählt von Martas Mut, auch das Ungeheuerliche ihres Lebens – ihre Wut, ihre Aggression, ihr Ungehalten-Sein – mit Christus in Kontakt zu bringen. So können wir sagen: Weil sie in ihrem Gebet, in ihrer Spiritualität auch das Dunkle zu sehen und zu berücksichtigen lernt, kann sie neue Lebensräume für sich und andere eröffnen: Das Lebensverneinende gibt das geraubte Leben zurück und der Drache zieht den Pflug! So weitet und illustriert die Legende die biblische Botschaft.

Die Besonderheit ihres Vorgehens zeigt sich nachdrücklich, wenn wir Marta in Beziehung setzen zu einigen heiligen Männern. So kennen z.B. die Legenden des hl. Georg oder des hl. Olaf ebenfalls die Auseinandersetzung mit einem Drachen. Aber im Gegensatz zu Marta wird dort die Kraft des Ungeheuerlichen nicht genutzt. Die Männer stechen es kurzerhand nieder! Das ist eben nur die zweitbeste Lösung. Allerdings findet die friedenstiftende Kraft, die von dem reifen Handeln Martas ausgeht, eine Entsprechung in der liebenswerten Dichtung vom Wolf von Gubbio, den der hl. Franziskus nicht angstvoll mordet, sondern ihn durch einen offenen Dialog von seinem Drang zum Bösen befreit. Auch Martas Beten ist so frei, alles mit dem Gott in Verbindung zu bringen, der das Leben in Fülle will!

Ein namenloser Mensch betet mit Willen und Widerstandskraft

Das Evangelium nach Markus misst den Wunderheilungen Jesu Christi eine besondere Bedeutung zu. Vielfach berichtet es, wie Jesus von Nazareth Menschen aus der Gebrochenheit ihrer Krankheit befreit, sie aufrichtet und auf einen neuen Lebensweg führt. Die letzte aller Wunderheilungen verlegt das Markus-Evangelium an das Stadttor von Jericho.

Es ist eine spannende Situation: Der Konflikt Jesu mit den religiösen Autoritäten seines Volkes (Schriftgelehrte, Pharisäer, Sadduzäer) hat sich mehr und mehr zugespitzt und das Schicksal Jesu zeichnet sich immer deutlicher ab. Er selbst hat seinen Leidensweg klar vor Augen und so schildert das Markus-Evangelium, wie Jesus trotz der Gefahr mit großer innerer Freiheit nach Jerusalem zieht.

Als letzte Station auf dem Weg nach Jerusalem hinauf wird Jericho im Jordantal genannt. Dort kommt es zu folgender Begebenheit (Mk 10,46–52):

So kommen sie nach Jericho.
Als Jesus, seine Jünger und ziemlich viele Leute dabei,
aus Jericho hinauszog,
saß der Sohn des Timäus, Bartimäus, ein blinder Bettler, am Weg.
Und als er hörte, es sei Jesus, der Nazarener,
fing er an zu schreien und zu sagen: Sohn Davids, Jesus, erbarme dich meiner!
Viele herrschten ihn an, er solle schweigen. Doch schrie er nur noch viel lauter: Sohn Davids, erbarme dich meiner!
Da blieb Jesus stehen und sprach: Ruft ihn her!
Und sie rufen den Blinden und sagen zu ihm: Getrau dich! Auf, er ruft dich!
Da warf er sein Obergewand ab, sprang auf und kam zu Jesus.
Und Jesus hob an und sprach zu ihm: Was willst du,
dass ich dir tun soll?
Der Blinde sagte zu ihm:
Rabbuni, etwas erblicken möchte ich wieder.

Und Jesus sprach zu ihm: Geh, dein Glaube hat dich gerettet.
Und gleich konnte er wieder etwas erblicken.
Und er folgte ihm auf dem Weg.

Diese Erzählung ist wohlbekannt. Oft und gern wird sie mit Kindern und Jugendlichen besprochen. Im Religionsunterricht und in der Erstkommunionvorbereitung hat sie einen festen Platz. Auf diese Weise ist der blinde Bettler Bartimäus eine der bekanntesten biblischen Gestalten geworden. Doch wenn wir genau hinsehen, offenbart sich an diesem Namen schon das Schicksal dieses Menschen. Er hat keinen wirklichen Namen. Bartimäus heißt eben nichts anderes als „Sohn des Timäus". Man hat sich keine Mühe gemacht, diesem Blinden, diesem Behinderten, diesem Krüppel einen eigenen, einen neuen Namen zu geben. Er wird allein über seinen Vater definiert. Der blinde Bettler, der eigentlich namenlos ist, hatte ja noch keine Chance, sich in dieser Welt einen Namen zu machen. Sein Name kann keinen besonderen oder großen Klang haben – ganz einfach, weil er keinen wirklichen Namen hat. Seine Individualität und seine Persönlichkeit treten nicht hervor. Er ist lediglich ein blinder Bettler, der von einem gewissen Timäus abstammt.

Erblindungen waren zur Zeit Jesu sehr häufig. Es war ein gewöhnliches Schicksal, ein durchschnittliches Lebensgeschick. Um so etwas konnte man nicht viel Aufhebens machen. So hatte man ihn an das Stadttor gesetzt, damit er dort Almosen sammeln könne, um sein Leben zu fristen.

Der namenlose Bettler kann zwar nicht sehen, doch offensichtlich hat er seine Ohren offen. Er spürt und hört: Jesus ist in seiner Nähe. Diese Nähe ruft ein ungewöhnliches Verhalten hervor, denn der blinde Bettler beginnt zu beten. Dieses Gebet ist kein stilles, kein zurückhaltendes Besinnen, das heutigen bürgerlichen Konventionen hätte entsprechen können. Sein Gebet ist ein Schrei. Sein Gebet ist ein Konzentrat: „Sohn Davids, Jesus, erbarme dich meiner!" All seine Not fasst er in diesem Satz zusammen. Die Gegenwart Jesu lässt ihn selbst ganz präsent sein, mit all seinen Wünschen und Hoffnungen, mit all seinen Nöten und Gebrochenheiten. Das ist vielleicht schon einer der wesentlichen Aspekte des Betens: In der Gegenwart Gottes selbst ganz gegenwärtig zu werden. Ganz aufmerksam für den Augenblick, für das, was im Jetzt geschieht. Jesus hängt nicht den zurückliegenden Ereignissen nach und lässt sich auch nicht von dem Zukünftigen fixieren. So betritt der Blinde den Gebetsweg der Klage wie er in den Psalmen vorgezeichnet ist (vgl. u.a. Ps 38, 55, 69, 79, 130). Es gibt Lebenssituationen, in denen das Gebet zum Schrei werden muss, – die religiöse Tradition seines Volkes weiß darum. In seiner Not wächst dem Menschen eine Kraft zu, die sich nicht mehr einengen lässt. Es ist die tiefe Kraft Gottes, die am Grund der menschlichen Seele lebt und zur Befreiung drängt.

Was der blinde Bettler allerdings bitter lernen muss: Ein solches Gebet, aus dem Herzen und aus der Not des Lebens heraus gesprochen, kann für andere sehr lästig sein. Es stört die Feststimmung der Menschen; es stört möglicherweise die hierarchische Marschordnung der Jünger und Apostel. So wird er gemaßregelt, damit er still sei. In vielerlei Hinsicht ist er durch seine Blindheit bereits sozial ausgeschlossen und deklassiert, in mancher Hinsicht schon sozial tot. Nun soll er auch noch mundtot gemacht werden. Man kann sich diese Situation leicht vorstellen. Einer, von dem man es nicht erwartet und dem man es nicht zugesteht, erhebt plötzlich das Wort. Er soll lieber still sein und sich in sein Eckchen verkriechen. Alle sehen doch, wie es ihm geht, da muss er nicht noch die anderen mit seiner Not belästigen. Biblisches Beten zeichnet sich nicht durch Harmlosigkeit oder Naivität aus. Im Gegenteil: Das Gebet erst macht den namenlosen Bettler widerstandsfähig. Auch wenn er sich noch keinen Namen hat machen können, so weiß er doch, was er will. Er will nicht länger schweigen, will seine Not herausschreien. Er will seinen Lebenskummer auf Gott richten können. Auf den Gott, dessen Ikone in der Welt Jesus

Christus ist. So brüllt der Sohn des Timäus weiter. Er lässt sich nicht ersticken: „Sohn Davids, erbarme dich meiner!"

Und diese Widerstandskraft des Betens wird von Jesus wahrgenommen. Anders als die Menschen, die ihn begleiten, bleibt er nicht bei den Oberflächlichkeiten stehen. In seiner Sicht gilt für alle die große Zusage des Propheten Jesaja: „Ich habe dich bei deinem Namen gerufen, du bist mein!" (Jes 43,1). Dieses Gotteswort gilt auch dem namenlosen Bettler.

So lässt sich gerade hier mit vollem Recht sagen, dass das gesamte Leben Jesu ein Gebet war. Wenn Gebet heißt, in der Gegenwart Gottes zu sein, dann trifft dies hier auf Jesus im vollen Umfang zu. Er weiß sich im Geheimnis Gottes geborgen; deshalb kann er selbst ganz gegenwärtig werden und auf die Not anderer eingehen. Diese Grundhaltung des inneren Gebetes, der Kontemplation, verändert die Situation. Indem Jesus stehen bleibt und auf den Gebetsschrei des Bettlers Acht gibt, verändern sich auch die Vorzeichen für alle anderen. All diejenigen, die den Bettler gerade noch „anherrschten" und zum Schweigen bringen wollten, ermuntern ihn plötzlich, aufzustehen und auf Jesus zuzulaufen. Urplötzlich entsteht eine Situation von Freundlichkeit: „Getrau dich! Auf, er ruft dich!" Der gerade noch Ausgegrenzte wird in die Mitte geholt. Der Mundtote soll zum Reden gebracht werden. Die Widerstandskraft des Gebetes hat sich bewährt. Wie lebendig der Bettler ist, zeigt sich in seiner Reaktion. Er ist nicht nur ein Schreihals, der ruft und brüllt, weil er nichts anderes mehr weiß. Er ist keiner, der sich verhärtet hat in seiner Not. Von seinem Gebet erwartet er wirklich etwas. Er wirft sein Obergewand, d.h. seinen Mantel, ab, springt auf und geht auf Jesus zu. Wir dürfen nicht vergessen, es handelt sich um einen Blinden. Es ist leicht vorstellbar, wie schwierig es für ihn geworden wäre, seinen Mantel wiederzufinden, würde seine Blindheit nicht geheilt. Leicht hätte jemand das Gewand mitnehmen können. Leicht hätte es unter die Räder der Handelswagen oder unter die Füße der Menge kommen können.

Und der Mantel ist nicht irgendetwas. In der Tradition Israels ist der Mantel ein absolut notwendiges Kleidungsstück. Nahm jemand z.B. von einem Armen den Mantel als Pfand an, so schrieb das Gesetz vor, diesen am Abend wieder zurückzugeben, damit er eingehüllt und zugedeckt schlafen könne (Ex 22, 25–26). Das Obergewand, der Mantel, bildete zur Zeit Jesu sozusagen den Sozialhilfesatz. Das, was man niemandem nehmen darf. Dieses Letzte, das Lebensnotwendige, das wirft der Bettler noch ab. Wenn wir das Verhalten des „Bartimäus" als Gebet verstehen, dann wird hier klar: Beten hat mit Wagnis und Risiko zu tun. Beten wird für den Bettler nicht zur idyllischen Veranstaltung. Beten ist für ihn keine gemütliche Folklore. Biblisches Beten strebt in die Mitte und in die Tiefe des Lebens; es fordert einen existentiellen Sprung.

Die Tradition der christlichen Frömmigkeit spricht immer wieder von der Notwendigkeit, dieses Wagnis einzugehen. Beten kann in manchen Phasen des Lebens ein ganz zaghaftes, vorsichtiges Zugehen auf das Geheimnis Gottes sein. Ein zögerndes Gehen auch deshalb, weil der Weg nicht sofort zu sehen ist. Da heißt es, der eigenen Sehnsucht zu trauen. Die Mystikerin Gertrud von Helfta beschreibt diese Situation mit einem Bildwort: „Vor dir steht die leere Schale meiner Sehnsucht."

Gerade noch hatte der Bettler aus voller Kehle um Hilfe geschrieen und sein Gebet auf Jesus ausgerichtet. Jetzt heißt es für ihn, die ersten Schritte zu wagen. Auch der namenlose Almosenempfänger macht sich ganz leer, indem er den Mantel, das Letzte, was er besitzt, zurücklässt, um auf Jesus Christus zuzugehen.

An der Art seines Gehens, seines vorsichtigen Tastens wird für alle klar geworden sein, dass es sich hier um einen Blinden handelt. Auch Jesus von Nazareth wird das gesehen haben. Sein Verhalten spricht wiederum davon, wie sehr er die Situation des Gegenübers aufmerksam wahrnimmt. Jesus lässt den anderen zunächst einmal gewähren; er will

ihn nicht fromm manipulieren. Der Mann aus Nazareth stellt sich nicht selbst in den Mittelpunkt, indem er den Blinden zum Objekt degradiert. Er sagt nicht: „So, da haben wir also einen Blinden! Den wollen wir schnell heilen!“ Kein göttlicher Zauberstab, keine Machtdemonstration.
Jesus lässt anderen Menschen Zeit.
Er lässt auch dem Gebet des Blinden Zeit.
Er fragt ihn nach seinem Willen.

Der Blinde soll sagen, was er will. Das Wollen gehört wesentlich zu der Kultur des Gebetes. Das Wollen ist eine wichtige Kraft des menschlichen Herzens. Es ist seltsam, dass diese Grundkraft oftmals in der kirchlichen Tradition verdächtigt und unterdrückt wurde. Viele Menschen kennen aus der eigenen Erziehung das Phänomen, dass der eigene Wille höchstens mit Einschränkungen formuliert werden konnte und durfte. Die Aussage eines Kindes: „Ich will das!“ führte oft dazu, dass das Erstrebte gerade nicht erfüllt wurde. Mit mancherlei Dressur, mancherlei Geschick und mancherlei Verbiegung erlernten und erlernen viele, den eigenen Willen hintanzustellen und in verfeinerter Weise zu sagen: „Ich möchte!“

Doch Jesus von Nazareth sagt ausdrücklich nicht: „Was möchtest du?“ Er fragt anders: „Was willst du, dass ich dir tun soll?“ Aus seinem Beten heraus, das er auf Jesus, den Sohn Davids richtet, soll der namenlose Bettler nun seinen Willen formulieren. Jesus Christus nimmt ihn als Person ernst, als jemand, der ein Herz und darin einen Willen hat. Die große Kraft des Betens, die verwandt ist mit der Kraft des Wünschens, zeigt sich hier. Der Blinde zögert nicht. Er wünscht sich nicht irgendwelchen Luxus. Er wünscht sich nicht übermäßige Macht. Nur eines braucht er. Und das eine, was er sich zutiefst ersehnt, das nennt er auch. Auffälligerweise nutzt der Blinde Jesus gegenüber nicht die korrekte Anredeform „Rabbi“, sondern die entsprechende Koseform „Rabbuni“. In seiner Heilssuche begegnet er dem erhofften Messias mit Vertrautheit und einem zarten Empfinden.

Welche tragischen Folgen die Unfähigkeit, den eigenen Willen klar zu formulieren, haben kann, zeigt das berühmte Märchen „Vom Fischer und seiner Frau“. Weil der Fischer und seine Frau Ilsebill nicht wirklich wissen, was sie wollen, weil sie nicht wirklich wissen, was ihre Sehnsucht ist, steigert sich ihr Wünschen ins Maßlose, ohne dem Leben Frieden zu geben.

Das Beten, wie wir es an dem blinden Bettler ablesen können, weiß, was es will. Es kann das Lebenswichtige vom Tand unterscheiden. Das Lebensgebet des blinden Bettlers bleibt nicht folgenlos. Seine Sehnsucht wird erfüllt. Vielleicht hatte er sich längst mit seinem Schicksal abgefunden und sich „vernünftig“ mit den bitteren Verhältnissen arrangiert. Möglicherweise reißt der spontane Gebetsschrei all das Vernünftige und vordergründig Kluge einfach ein.

Sein Beten bleibt kein partikuläres Ereignis und verändert seine Lebensrichtung: Er folgt Jesus auf seinem Weg. Von außen gesehen wird diese Nachfolge zunächst nicht recht erfolgreich sein. Das 12. Kapitel des Markus-Evangeliums berichtet davon, wie Jesus zunächst unter den Ovationen der Menge in Jerusalem einzieht, dann die Händler aus dem Tempel vertreibt und so den Beschluss der Schriftgelehrten und Ältesten, ihn zu töten, bestärkt. Das, was der ehemals Blinde mit der neuen Sehkraft in den nächsten Tagen schauen wird, ist keine Erfolgsstory.
Was er sehen wird, ist Leid.
Er wird im Leiden des Gekreuzigten auch Liebe sehen.
Eine Liebe, die stärker ist als der Tod.
Eine Liebe, die neues Leben hervorbringt.

Sein Gebet, das spürbare Widerstandskraft und eigenes Wollen kennt, eröffnet ihm den Blick auf das unverlierbare Leben in Gott. Wo ein Mensch das kann, da ist der Raum Gottes.

Diese Evangelienstelle hat für die christliche Tradition intensive Wirkungen gezeitigt: In der Frömmigkeit der orthodoxen Kirchen spielt seit langer Zeit das „Herzensgebet“

eine wichtige Rolle. Es ist eine Gebetsform, bei der eine kurze Anrufung zunächst immer wieder gesprochen wird. Die stete Wiederholung ermöglicht auf Dauer, den Gebetsgedanken mit dem Rhythmus des Atems oder des Herzens zu verbinden. So dringt dieses Gebet tiefer und tiefer in den Menschen ein, bis es ihm stets gegenwärtig bleibt. Schließlich trägt jeder Atemzug oder jeder Herzschlag das innere Gebet. Die kürzeste Formulierung für diese spirituelle Übung übernimmt die orthodoxe Tradition aus dem Mund des blinden Bettlers von Jericho: „Jesus Christus, Sohn Davids, erbarme dich meiner." Der Gebetsschrei des Bartimäus bricht aus dem Grund seines Leben hervor, – und es ist ein Gebet, das zu Herzen gehen kann.

Praktische Anregungen

Tanzend beten

Beten mit dem Körper – Gebetshaltungen

Im Beten die Wirklichkeit liebevoll wahrnehmen

Beten als Horchen auf den Herzschlag Jesu

Bei der mittelalterlichen Mystikerin Gertrud von Helfta (1256–1302) finden sich recht verschiedene Begriffe für den Vorgang des Lernens. Neben das kognitive Erfassen stellt sie das Lernen durch Vorleben, welches sie für den Bereich der Spiritualität für entscheidend hält. Auf diesem Hintergrund lässt sich für das Beten feststellen: Es geht grundlegend um eine Lebenspraxis. Frömmigkeit, die nicht zur hohlen Phantasie verkommen will, drängt zu einer konkreten Lebensform. Das Spektrum einer Ausgestaltung des Gebetslebens ist allerdings sehr weit.

Das folgende Kapitel stellt von diesem Spektrum selbstredend nur einen sehr geringen Teil dar. Es versucht, den Tanz, der von vielen Frauen als Gebetsform sehr geschätzt wird, zu bedenken bzw. bestimmte Körperhaltungen als Medium des Betens vorzustellen. Zudem wird eine einfache und alltagstaugliche Grundform christlicher Frömmigkeit eingeführt. Eine Betrachtung zur traditionellen Herz-Jesu-Frömmigkeit, die bis heute besonders von Frauen gepflegt wird, bildet den Abschluss.

Tanzend beten

Als 17-Jährige gehörte ich zur Volkstanzgruppe meiner Heimatgemeinde. Besonders lieb wurde mir damals ein Tanz mit einfachen Schritten und einer fließenden Gebärde zum Kanon von Pachelbel, der jedes Mal am Schluss des Abends stand. Dabei hatte ich das Gefühl, in der Bewegung zur Ruhe und zu mir selbst zu kommen und meinen Tag, so wie er gerade gewesen war, vor Gott tragen zu können. Nach diesem ersten Kontakt mit Meditativem Tanz hat es mich immer wieder zu solchem Tanzen hingezogen.

Meditative Tänze sind Tänze aus verschiedenen Ländern, Kulturen und Religionen, die eine bestimmte Schrittfolge und/oder bestimmte Gebärden haben und die in einer Gruppe getanzt werden. Meistens sind es Kreistänze, die sich um eine Mitte im Raum bewegen und immer wieder Bezug aufnehmen zu dieser Mitte. Manchmal wird aber auch in Reihen getanzt, in Spiralen oder auf anderen Raumwegen. Die Musik dazu kann sehr unterschiedlich sein, mal temperamentvoller, mal ruhiger, und reicht von Klassik über Folklore bis zu Gesängen aus Taizé. Heute gut 20 Jahre nach meinem ersten Erleben tanzend zu beten, sind mir die folgenden Erfahrungen besonders wichtig und wertvoll:

Durch Bewegung zur Ruhe kommen

Das Tanzen ist für mich ein Weg, aus der Vielfältigkeit, aus der Turbulenz und manchmal aus der Hetze meines Alltags heraus zur Ruhe zu kommen. Wenn andere Formen des Betens schwierig sind, wenn ein ruhiges Hinsetzen das Getriebensein erst richtig spüren lässt, hilft mir die vorgegebene Bewegung zu mir selbst zu finden. Indem ich mich aus der Bewegtheit kommend in der Bewegung sammle, werde ich neu offen für Gott.

Die Mitte umkreisen

Bei vielen Tänzen bewege ich mich im Kreis um die Raummitte, die meist besonders schön gestaltet ist. Die Ausrichtung zur Raummitte hilft zur inneren Ordnung, hilft mir, zur eigenen Mitte zu finden. Das Umkreisen der Mitte, das Mich-Annähern an die Mitte und das Mich-wieder-Entfernen im Tanz ist aber zugleich Bild meiner Beziehung zu Gott, meiner Suchbewegung auf das Geheimnis Gottes hin.

Die Kraft der Wiederholung

Viele Tänze, darunter den Kanon von Pachelbel, tanze ich seit vielen Jahren immer wieder. Ihre ganze Kraft entfalten Tänze oft erst in der Wiederholung. Wenn die Schritte und Gebärden wie von selbst kommen, und ich nicht mehr über die Schrittfolge nachdenken muss, kann ich in der Bewegung ganz da sein: ganz bei mir und ganz vor Gott. So entsteht im Tanz der Raum des Gebetes.

Schritte und Gebärden leihen

Manche Tänze begleiten mich schon seit längerer Zeit und doch sind sie immer wieder neu, je nach der Lebenssituation, in der ich gerade bin. Auch kann es sein, dass ein Tanz, den ich schon lange kenne und tanze, mich plötzlich besonders anspricht, weil er etwas ausdrückt, das mich gerade bewegt und beschäftigt. So wie mir in bestimmten Phasen meines Lebens bestimmte vorformulierte Gebete helfen, mein Leben vor Gott zur Sprache zu bringen, so helfen mir bestimmte Tänze mit ihren Schritten und Gebärden, mein Leben zu verdichten und es vor Gott zu tragen. Ich leihe mir Schritte und Gebärden, um mein Leben auszudrücken und mache mir den Tanz ganz zu Eigen, indem ich meine ganz persönlichen Gefühle und Erfahrungen, meinen Dank, mein Lob, meine Klage, meine Bitte hineinlege.

In der Gruppe – eigener Freiraum

Die Gruppe der Mit-Tanzenden hilft mir über schwierige Schritte und ungewohnten Rhythmus hinweg. Kreistänze kann ich nicht alleine tanzen. Sie wollen ausdrücken, dass ich als Mensch nicht alleine lebe und auch nicht alleine vor Gott da bin. Und doch habe ich dabei meinen Freiraum, berührt mich heute eine andere Gebärde als vielleicht meine Nebenfrau, tanze ich etwas, das sie nicht oder anders empfindet. Gemeinsames Tanzen ist gemeinsames Beten und zugleich Raum für mein persönliches Beten.

Tanzend zu beten gehört zu mir und meinem Leben und ich mache stets neue Erfahrungen dabei. Als ganzer Mensch, mit Leib, Geist, und Seele bin ich angesprochen und gebe Antwort.

Es gibt ein Sprichwort: „Wer singt, betet doppelt." Ich habe dieses Wort seit längerer Zeit für mich umgewandelt: „Wer tanzt, betet dreifach."

Beten mit dem Körper – Gebetshaltungen

Hat das Gebet vorrangig mit dem Inneren des Menschen, mit Herz und Seele, zu tun? Das Herz – als Mitte der Person – bildet sicher den Kern des Betens. Doch die biblisch-christliche Tradition hat immer die Bedeutung des „leibhaftigen“ Betens im Blick gehabt. Soll beim Beten die ganze Wirklichkeit des Menschen zur Sprache kommen, geht es gar nicht anders, als dass der Mensch in seiner Körperlichkeit mitbedacht wird. Die liturgische Überlieferung der Kirche verfügt über einen großen Reichtum an verschiedenen leiblichen Ausdrucksformen, weil z.B. das „heilige Spiel“ der Eucharistiefeier so unterschiedliche Ideen wie Hingabe, Schuld, Liebe und Errettung thematisiert. Die einzelnen Gebetshaltungen ermöglichen in diesem Zusammenhang, nach und nach über den Körper auch den „inneren Menschen“ anzusprechen. Wie die Psyche des Menschen auf den Körper wirkt, so kann auch der Leib einen Einfluss auf die Seelenlage nehmen und sie u.U. weiten, anregen und bereichern.

Leider hat es im Laufe der Geschichte eine nachhaltige „Klerikalisierung“ bestimmter Gebetsgebärden gegeben, d.h. bestimmte Haltungen wurden nach und nach für die Gemeinde unüblich und für die Amtsträger reserviert. Die ursprüngliche Lebendigkeit und Vielfalt der Gesten verarmten zusehends: Oftmals sind nur noch das Knien und die gefalteten Hände übrig geblieben. Damit verloren wichtige körperliche Ausdrucksformen der Gottesbegegnung – für Frauen nahezu vollständig – ihre alltägliche und tragende Bedeutung.

Das Stehen

Das aufrechte Stehen gehört zu den Grundvollzügen christlichen Betens. Die frühen Gemeinden standen bei ihren Gottesdiensten. Bei der Eucharistiefeier nahmen sie stehend den Altar in ihre Mitte. Bänke oder Stühle waren auch in den abendländischen Kirchen bis zum ausgehenden Mittelalter äußerst selten. Sitzgelegenheiten gab es lediglich für die Schola und für den Vorsteher der Feier. Bei Klosterkirchen gab es eine Bestuhlung für die Mönche oder Nonnen, sowie einen hervorgehobenen Platz der Äbtissin bzw. des Abtes. Bei den Gottesdiensten der orthodoxen Kirchen verhält es sich noch heute so, dass die Grundhaltung der Gemeinde das Stehen ist.

Stehend drückt der Mensch wesentliche Aspekte seines Seins aus. Erst wenn ein Mensch steht, hat er auch wirklich einen Standpunkt. Das Stehen, das Aufgerichtet-Sein, unterscheidet den Menschen wesentlich von anderen Mitgeschöpfen. Das „gerade" Rückgrat symbolisiert nicht zufällig ein würdiges und gerechtes Leben: Einen ehrlichen Menschen nennt man folgerichtig „aufrecht".

Die Füße berühren den Boden. Erst wenn ich dorthin spüre und wahrnehme, dass mir von dort auch Kraft und Festigkeit zukommt, werde ich auch eine „Bodenhaftung" entwickeln können. Wenn jemand allen Kontakt zur Erde, das heißt zu seinem Ursprung verloren hat, kann auch das Gebet nicht gelingen. Um dem Gebet Raum zu geben, brauche ich das Bewusstsein meiner Geschöpflichkeit, d.h. meiner Erdhaftigkeit. Daraus lässt sich ein fester Standpunkt gewinnen: Ich weiß, wo ich herkomme.

Im Stehen richtet sich der Mensch auf und ist gleichsam ausgespannt zwischen Himmel und Erde. Die Füße ruhen am Boden auf und das Haupt ist erhoben und verschafft auf diese Weise den Blick in die Weite.

In der christlichen Liturgie lässt sich heute noch beobachten, von welch großer Bedeutung das Stehen als Gebetshaltung ist. Das Gebet Jesu, das Vaterunser, wird immer im Stehen gebetet. Dieses zentrale Gebet der christlichen Gemeinden nimmt wesentliche Aspekte des Menschen in den Blick: Ausgestreckt zwischen dem Wissen um die liebende Zuwendung Gottes einerseits und dem eigenen Verhaftetsein in Gebrochenheit und Schuld andererseits. So lässt sich sagen, dass es in der Liturgie keine Gelegenheit gibt, in der das Vaterunser in einer Gebetshaltung gesprochen wird, die nicht stehend ist. Es ist gerade die Würde des Menschen, trotz aller Mängel vor Gott stehen zu können und nicht vor ihm erniedrigt zu sein. Der Getaufte muss eben nicht vor seinem Gott wie vor einem fürchterlichen Despoten erscheinen. Er kann als aufrechtes und geliebtes Wesen vor ihn hintreten und in Würde und Demut vor ihm stehen. Für die Gebetslehre des Mittelalters spielte das Stehen auch deshalb eine wichtige Rolle, weil man dadurch auch die Beweglichkeit des Menschen während der Liturgie gewährleistet sah.

Die Oranten-Haltung

Wer einmal die Gelegenheit hatte, die Katakomben in Rom zu besuchen, wird dort Wandzeichnungen finden, die betende Menschen darstellen. Und in der Regel sind diese betenden Menschen stehend mit ausgebreiteten Armen und erhobenen Händen dargestellt. Unser Bild aus der Priscilla-Katakombe zeigt einen mit ausgebreiteten Armen betenden Menschen. Diese „Oranten-Haltung" ist die eigentliche Form des Betens in der frühen Kirche. Ich breite meine Arme aus, d. h. ich öffne mich für die ungeahnten Möglichkeiten Gottes. Fest mit den Füßen auf dem Boden stehen und von diesem Standpunkt aus das eigene Leben für die Dimension Gottes öffnen. Wer diese Gebetshaltung übt, wird feststellen, dass durch das Ausbreiten der Arme und Hände ein Gefühl von Weite entsteht. Sicherlich ist der betende Mensch dadurch verletzlicher, denn er löst die Verschränkungen und die möglicherweise vorhandenen Lebenspanzerungen. Man kann sich vorstellen, wie ein aggressiver oder ärgerlicher Mensch die Arme vor der Brust verschränkt, um niemanden an sich heranzulassen und nichts von sich herauszulassen. Ein auf diese Weise in sich selbst verschlossener oder gar verkrümmter Mensch steht im klaren Gegensatz zu dieser Gebetsgebärde. Vielleicht kann gerade in Situationen der Verbitterung und der Seelenlähmung diese Geste des Sich-Öffnens eine Befreiung unterstützen.

Priscillakatakombe, Rom. Darstellung eines betenden Menschen an einem frühchristlichen Grab. Das Gebet öffnet sich in den ausgebreiteten Armen und den empfangenden Händen.

In südlichen Ländern findet man diese Gebetsform noch beim Vaterunser. Ansonsten ist sie in der heutigen Liturgie praktisch alleine für den Priester bzw. den Diakon vorbehalten; bisweilen scheint es, als sei sie für die Gemeinde geradezu verboten. Hier haben wir es ohne Frage mit einer starken und unangemessenen Einschränkung der Gebetshaltungen zu tun. Vielleicht ist es ein Anfang, diese Gebetshaltung im privaten Gebet zu nutzen, wenn ich einen Lobpreis spreche, ein Dankgebet formuliere oder Gott um Hilfe anrufe. Meine geöffneten Arme sind die Antwort auf die Arme Gottes, die mich bergen und halten wollen.

Das Gehen

Während in unserer Zeit beim Gebet zumeist eine Haltung eingenommen wird, die an einem Ort verharrt, kennt unsere Tradition auch eine hohe Wertschätzung für das Gebet im Gehen. So empfiehlt beispielsweise der hl. Ignatius von Loyola, dass der meditierende Mensch nach der Haltung suchen sollte, die dem eigenen Beten am förderlichsten ist. Ignatius nennt in diesem Zusammenhang verschiedene Möglichkeiten wie das Liegen, das Sitzen, das Stehen, das Knien und auch das Gehen. Damit ist sicherlich nicht ein hektisches Umherlaufen gemeint, sondern eher das, was wir „Schreiten" bezeichnen. Auch der hl. Dominikus, der eine kurze Instruktion christlicher Gebetshaltungen verfasst hat, empfiehlt ausdrücklich das betrachtende Gehen. Ein Rest dieser Erinnerung lebt da auf, wo heute wieder mit großem Interesse Fußwallfahrten gepflegt werden, die als „Gebet mit den Füßen" Wertschätzung finden. Innerhalb der Liturgie sind die unterschiedlichen Möglichkeiten von Prozessionen eine Methode, um das Gehen zu beleben. Dabei eröffnen sich innerhalb der Messfeier Möglichkeiten für eine Prozession zu Beginn und vor allem zur Gabenbereitung. Auch das Wort Gottes, das in der Heilige Schrift gegenwärtig ist, kann vor dem Verlesen in einer Prozession durch die Gemeinde getragen werden. Dabei wäre es vor allem bei geeigneten Kirchen und bei einer überschaubaren Gemeindegröße höchst sinnvoll, dass nicht nur der Priester und die Ministranten solche Prozessionen vollziehen, sondern die gesamte Versammlung. Die Beliebtheit des Festes „Maria Lichtmess“ (Darstellung des Herrn) hängt sicher nicht zuletzt an der vertrauten Kerzenprozession, die fest mit dem liturgischen Ablauf verbunden ist.

Doch auch das private Gebet kann von dem Gehen profitieren. Viele Menschen kennen das Phänomen, dass sie bei intensiven Überlegungen langsam und bedächtig durch einen Raum gehen. Manche können erst einen klaren Gedanken fassen, wenn sie eine Zeit lang gegangen sind. So kann das behutsame Gehen oder Schreiten das eigene Gebet bereichern.

Das Sich-Ausstrecken

Nur noch bei wenigen Gelegenheiten findet sich eine Gebetshaltung, die in den frühen Gemeinden häufig praktiziert wurde: Das Ausstrecken des ganzen Körpers auf dem Boden. Diese Gebetsgeste hat leider eine nachhaltige Einschränkung erfahren; sie findet sich lediglich noch zur Eröffnung der Karfreitagsliturgie oder während der Weiheliturgie. Für Frauen ist diese Gebetshaltung allein bei der klösterlichen Professfeier von Ordensfrauen lebendig geblieben.

Was am Karfreitag heutzutage leider nur wenige vollziehen, war ehedem eine Gebetsgeste der gesamten Gemeinde. Man streckt das eigene Leben vor Gott aus, weil man sich der eigenen Enge und Hartherzigkeit bewusst ist. Es ist sicherlich eine ungewöhnliche Gebetshaltung, die man ungern im sonntäglichen Festkleid vollzieht. Doch gerade für das private Gebet könnte sich hier eine gute Möglichkeit eröffnen. Viele Menschen machen ja die Erfahrung, dass sie gerade am Ende eines Tages das Gefühl haben, vollständig „zerschlagen“ zu sein. Man könnte sich auch an das Wort aus den Psalmen erinnern: „Ich bin hingeschüttet wie Wasser." Diese Erfahrung, am Boden zu liegen oder „am Boden zerstört zu sein", ließe sich auch durch diese Geste in ein Gebet bringen. Damit wird genau das zum Ausdruck gebracht, was die innere Wirklichkeit dominiert. Es bleibt dann nicht dabei, dass ich mich einfach nur irgendwie schlecht fühle, sondern ich bringe in dieser Körperhaltung meinen Seelenzustand vor Gott. Gerade in Zeiten der Trauer oder großen Kummers könnte dieses „Sich-Ausstrecken" eine starke und hilfreiche Geste des eigenen Betens sein. Was sich mit Worten nicht sagen lässt, findet durch den Körper eine authentische Ausdrucksform.

Die gefalteten Hände

Dieser Gebetsgestus ist – ob im Stehen, Sitzen oder Knien vollzogen – die in unserer Zeit und unserer Kultur häufigste Haltung der Hände. Die beiden Hände werden so ineinander „gefaltet", dass die Handflächen aufeinander liegen und die Finger so verschränkt werden, dass sie wiederum auf der Rückseite der je anderen Hand liegen. Die Daumen werden dabei überkreuzt. Der Grundgedanke, dem diese Gebetshaltung folgt, ist die „Selbstfesselung". Wer mit gefalteten Händen betet, kann selbstredend nichts anderes mehr tun. Wer die Hände so ineinander legt, macht sich in gewisser Weise selbst unfähig, andere Dinge zu begreifen oder zu gestalten. Dieser Gebetsgestus verdeutlicht, dass der so betende Mensch von allen handwerklichen oder technischen Aktivitäten Abstand nimmt. Das war gerade für Frauen von großer Bedeutung, denn lange Zeit galt die Maxime, dass Frauenhände nie untätig sein dürften. So war es z.B. während des Biedermeier und der sich anschließenden bürgerlichen Kultur für Mädchen und Frauen üblich, stets – d.h. auch während der oft kurzen Erholungszeiten – eine Handarbeit auszuüben. Frauen lasen keine Bücher, sondern stickten, strickten oder stopften.

Die Hände sind ohne Frage das wichtigste Instrument der Welterfassung. Die überaus wichtigen Hände werden beim Beten bewusst nicht eingesetzt, sondern sie werden ineinander gelegt, damit Ruhe, Betrachtung und Schweigen möglich werden. Die Hände – und mit ihnen der Drang, alles „selbst in die Hand zu nehmen" – werden in gewisser Weise gezähmt, um die kontemplative Seite des Lebens sich entfalten zu lassen.

Die ineinander gelegten Hände

Dem Gestus der gefalteten Händen verwandt sind die ineinander gelegten Hände. Im deutschen Kulturraum ist das Bild von Albrecht Dürrer „Die betenden Hände" zum Ideal dieser Gebetshaltung geworden. Die Hände werden von der Handwurzel bis zu den Fingerspitzen aufeinander gelegt. Dieser Gestus hat zum einen den großen Vorteil, dass dadurch der Kraftstrom geschlossen wird, der ausgehend vom Herzen durch die Hände und Arme des Menschen wandert. Auf diese Weise kann man ganz bei sich sein. Zum anderen sind diese zusammengelegten Hände nur der eine Teil einer bei den Germanen sehr gebräuchlichen Rechtsgeste. Der Lehnsmann legte im Mittelalter seine zusammengelegte Hände in die offenen Hände des Lehnsherrn. Auf diese Weise wurde verdeutlicht, dass der Lehnsmann all sein Leben, seine Kraft und sein Gut dem Lehnsherrn zur Verfügung stellt. Der Weiheritus der katholischen Kirche sieht vor, dass ein Weihekandidat seine zusammengelegten Hände in die offenen Hände des Bischofs legt, der sie dann schließt. In der altkatholischen bzw. der anglikanischen Kirche kommt diese Gebärde auch bei der Weihe von Priesterinnen zur Geltung, die durch diesen Gestus Ehrfurcht und Gehorsam gegenüber ihrer Kirche versprechen.

Lange Zeit war die Gebetshaltung mit zusammengelegten Händen sehr gebräuchlich. Es ist zu bedauern, dass diese Gebetsgeste teilweise zum Ausdruck einer eigenartigen „Gebetsdressur" verkommen ist. In einer solch einseitigen Interpretation wird dann die Gebetshaltung der zusammengelegten Hände zur allein erlaubten Ausdrucksform des Betens, die aber schnell steif, aufgesetzt und unnatürlich wirken kann. Vielfach war es in früheren Zeiten für Kommunionkinder die ausschließlich zugestandene Gebetshaltung.

Doch nach einer Phase der Distanz könnte dieser Gebetsgestus wiederum eine große Hilfe zur Sammlung und zum Finden der inneren Gegenwart sein. Dieser Gebetsgestus kann im Zusammenhang ganz verschiedener Körperhaltungen genutzt werden. Bei aufrechter Körperhaltung werden z. B. die Hände senkrecht über den Kopf zusammengelegt. Auf diese Weise symbolisiert der ausgestreckte Körper, wie das Herz auf Gott zustrebt.

Die Verneigung und das Knien

Zwei Gebetsgesten, die den gesamten Körper erfassen, sind das Knien und das Sich-Verneigen. Beide führen dazu, dass sie den Menschen in seiner Gesamtgröße verringern. Doch so können sie den Menschen zu einer Wahrnehmung seiner wirklichen Größe führen. Dabei geht es keinesfalls darum, sich in unangemessener Weise klein zu machen und sich zu verstecken. Sondern es geht diesen Gebetshaltungen darum, die eigene Größe in Anbetracht der Unermesslichkeit Gottes und seiner grenzenlosen Liebe wahrzunehmen. So kann im besten Sinn des Wortes etwas wie Ehrfurcht zum Ausdruck gebracht werden. Eine solche Haltung kann natürlich schnell auf Abwege kommen. Dann macht sich ein Mensch immer kleiner und kleiner. Und in diesem Verringern gewinnt der Mensch ein verkümmertes Selbstbewusstsein. Darauf aber wäre mit dem bekannten Satz zu antworten: „Mach' dich nicht so klein, so groß bist du gar nicht."

Beide Gebetsgesten sind ohne Frage dazu geeignet, eine innere Wirklichkeit zum Ausdruck zu bringen bzw. einen inneren Impuls nach außen hin zu verstärken. Sicher kann es ein gutes äußeres Zeichen des inneren Betens sein, wenn ein Mensch sich ehrlich vor einem Kreuz, einem Heiligenbild oder dem Tabernakel mit Andacht verneigt.

Die vor der Brust gekreuzten Arme

Eine Geste, die heute eher aus dem indischen bzw. dem japanischen Kulturkreis bekannt ist, stellt das Gebet mit vor der Brust gekreuzten Armen dar. Im Kloster St. Marienberg in Helmstedt findet sich die Darstellung des Gekreuzigten, der die Arme von den Querbalken gelöst hat und diese nun vor der Brust verschränkt. Dieses um 1350 entstandene Kruzifix, das von der mystischen Gebetskultur geprägt ist, will die innere Haltung Christi zum Ausdruck bringen. Liebevoll neigt er den Kopf der Stelle zu, die durch seine übereinander gelegten Hände gebildet werden. Diese Gebetsgeste Christi ermöglicht der Betrachterin, sich selbst in diese Haltung Christi hineinzuversetzen. Und zwar nicht nur im Sinne des eigenen Nachvollziehens dieser Geste, sondern indem sie sich ganz konkret in die übereinander gelegten Hände Christi hineinversetzt.

Im weiteren kann der konkrete Nachvollzug dieser Gebetshaltung den entsprechenden inneren Impuls wachrufen: Einem Menschen so sorgsam und liebevoll zu begegnen, dass er sich selbst in den Gestus hineingenommen weiß. Auf solche Weise gewinnt das eigene Gebet und die eigene Gebetshaltung eine soziale Dimension: Mein Gebet wird zu einer Einladung an andere, sich darin zu bergen.

Der „himmelnde" Blick

Nachdem man in der ersten Hälfte des 16. Jahrhunderts in Rom eine bedeutende antike Figur wiederentdeckt hatte, die zeigt, wie der mythische Priester von Troja, Laokoon, mit seinen beiden Söhnen von einer Schlange überwältigt wird, entwickelte sich davon ausgehend in der katholischen Kirche eine ganz neue Gebetshaltung, die bis in unsere Zeit hin höchste Beachtung gefunden hat. Laokoon wendet in seinem kraftvollen, aber letztlich aussichtslosen Kampf mit der übermächtigen Schlange den Blick zum Himmel. Sein Augäpfel treten weit vor. Der schräg nach oben gewandte Kopf und die himmelan gerichteten Augen dieser antiken

Statue werden zum Modell eines besonders innigen Gebetes. So erhält der „himmelnde Blick", wie man diese Geste bald anerkennend nennt, einen festen Platz im Kanon der christlichen Gebetshaltungen. Man verband diese Darstellung mit einem Vers aus Psalm 121: „Ich hebe meine Augen auf zu den Bergen: Woher kommt mir Hilfe?" Leider ist im Laufe der Geschichte dieser Gebetsgestus, der sich gut für das private Gebet eignet, etwas verzeichnet worden. Denn bald gehörte das starke Betonen des geneigtes Kopfes und der nach oben verdrehten Augen zum Standardprogramm einer „frommen" Haltung. Doch unabhängig von diesen Entwicklungen kann auch diese Haltung das eigene Gebetsleben bereichern, – gerade in Situation großer Not oder harter Auseinandersetzungen, wo das Gebet die Gestalt des Flehens um göttlichen Beistand annimmt.

Schon diese kleine Auswahl von Gebetsgesten zeigt, dass unsere Tradition über einen großen Schatz von Möglichkeiten verfügt, den Körper in den Prozess des Betens einzubeziehen. Es gilt dabei, diejenige Haltung zu erproben und zu finden, die der jeweiligen Situation angemessen ist, um die Nähe zum Gott des Lebens zu fördern. Oft kann der Körper eine Form für das bieten, was Worte nicht sagen können. So bringt am Ende eines sehr anstrengenden Tages das stille, ehrfürchtige Kreuzzeichen die eigene Situation vielleicht angemessener vor Gott als ein langer Gebetstext. In der Spannungseinheit von Leib, Seele und Herz lebt der Mensch, – alle diese Kräfte und Seinsweisen befähigen zur Antwort auf die Nähe Gottes, sie ermöglichen das Beten.

Im Beten die Wirklichkeit liebevoll wahrnehmen

Manche Menschen betrachten das Gebet als eine Sonderwelt. Das Beten wird vom „wirklichen" Leben abgeschnitten; so verkümmert es zu einem Bereich, der mit dem durchschnittlichen und alltäglichen Dasein keinen rechten Kontakt hat. Auf diese Weise entstehen Eigenwelten, die eher von Phantasien und Überspanntheiten als von Realitätsbezug und Schöpfungsnähe geprägt sind.

Beten in der christlichen Tradition jedoch folgt der Anweisung Jesu Christi, genau hinzusehen! Er spricht zu den Menschen, die ihm nachfolgen, von den „Zeichen der Zeit", die gedeutet werden sollen (Mt 16,3; Lk 12,54). Um diese „Zeichen der Zeit" verstehen zu können, bedarf es in einem ersten Schritt der genauen, ruhigen und vorurteilsfreien Wahrnehmung dessen, was wirklich da ist.

So greift Jesus im Streit um die Steuerzahlungen an die Römer auf dieses Modell zurück (Mt 22,15–22): Er läuft nicht in die gestellte Falle, sondern fordert seine Gegner auf, ein Geldstück genau zu betrachten: Das Bildnis des römischen Kaisers ist darauf zu sehen! Deswegen ist für den Mann aus Nazareth die Sache klar: „Gebt dem Kaiser, was des Kaisers ist!" Er verzettelt sich nicht in langwierigen Abwägungen über das Für und Wider der Steuerzahlungen. Für ihn spricht die Sachlage aus sich.

Diese verblüffende Realitätsnähe wendet Jesus von Nazareth aber nicht nur den Dingen zu, vor allem Menschen begegnet er mit liebender Aufmerksamkeit. Immer wieder berichten die Evangelien, wie er seine Mitmenschen voll Güte anblickt. Jesus nimmt die Realität ihres Lebens so genau wahr, dass er spüren kann, wo Hilfe nötig ist. Nur weil er sich der – oftmals gebrochenen und verschatteten – Wirklichkeit der anderen stellt, kann es zu einer ehrlichen Begegnung kommen.

Der Blick Jesu ist Ausdruck der liebenden Zuwendung Gottes zu seiner Schöpfung. Wer diesen liebevollen Blick entdeckt und ihn sich zu Eigen macht, kann das eigene Beten verlebendigen und vertiefen. Die Nachfolge Jesu Christi nimmt die Gestalt der Nachahmung des „liebenden Blickes“ an. Ein Theologe des 20. Jahrhunderts, Romano Guardini (1885–1968), hat diese Erfahrung verdichtet:

Immerfort empfange ich mich aus Deiner Hand.
Das ist meine Wahrheit und meine Freude.
Immerfort blickt mich Dein Auge an,
und ich lebe aus Deinem Blick,
Du mein Schöpfer und mein Heil.
Lehre mich, in der Stille Deiner Gegenwart
das Geheimnis zu verstehen, das ich bin.
Und das ich bin durch Dich
und vor Dir
und für Dich.

Romano Guardini beschreibt, wie der nahe Gott seinen Blick auf uns ruhen lässt. Das geschieht nicht, um zu kontrollieren, wie es ein früher vielbenutzter Katechismus androhte: „Ein Auge ist, das alles sieht, auch was in dunkler Nacht geschieht.“ Der Blick Gottes will das Leben. Ein Mensch kann aus dem Blick Gottes leben, weil der Schöpfer für das Heil einsteht. Im göttlichen Blick kann der Mensch Klarheit für sich gewinnen. Das Geheimnis des menschlichen Daseins eröffnet sich darin. Das Rätsel des eigenen Lebens irrlichtert nicht ziellos umher. Das Gebet Guardinis weiß davon zu sprechen, dass der Mensch durch Gott in diese Welt gekommen ist, dass er vor ihm steht und sich auf ihn hinbewegt.

Die Botschaft Jesu von Nazareth und – in ihrem Gefolge – Guardinis Gebet laden zur Übung einer bestimmten Form des Betens ein. Dabei geht nicht darum, Gebetsformulare zu sprechen oder vorgefertigte Texte zu bedenken. Es geht auch weniger um äußere Haltungen und Gebetsgebärden. Bei diesem Gebetsweg geht es vor allem darum, alles, was mich umgibt und was mir begegnet, mit dem liebevollen Blick Gottes wahrzunehmen und mich darin zu verorten.

Der Alltag ist oft davon geprägt, möglichst schnell und geschickt zu handeln. Viele Aufgaben müssen möglichst effektiv geordnet und bewältigt werden. Das kann schließlich dazu führen, dass nur noch die Oberfläche der Dinge berührt wird. Besonders bitter ist, wenn Menschen sich nur noch nachlässig und beiläufig begegnen, so gehen Kraft und Freude des Lebens verloren.

Für die meisten Frauen und Männer unserer Zeit scheint es unmöglich, das eigene Leben so weitgehend zu verändern, um sich allen äußerlichen Ansprüchen zu entziehen. Vielleicht ist es eine gute Alternative, sich einmal am Tag eine Zeit der Ruhe (zunächst ca. 10 Minuten) zu suchen, um in dieser kurzen Phase einfach wahrzunehmen, was da ist. Ein erster Schritt kann darin bestehen, einfach die eigene Körperlichkeit zu spüren und festzustellen, wie der eigene Atem kommt und geht. Gleichzeitig geht es darum, mit dem gütigen Blick Gottes auf die eigene Realität zu schauen. Das heißt vor allem sich selbst weder übermäßig abzuwerten noch eitel zu überschätzen. Zunächst bleibe ich nur bei der Wahrnehmung: Ich hin da; ich bin ein Geschöpf Gottes; er will, dass es mich gibt.

Ein nächster Schritt dieses Gebetes besteht darin, von dem eigenen Leben ausgehend den liebenden Blick Gottes auf all das zu wenden, was mir in den letzten Stunden begegnet ist. Dabei ist es wichtig, nicht mit einer „Schere im Kopf" zu arbeiten. Sehr schnell neigt man dazu, sich die Wirklichkeit zurechtzuschneidern. Scheinbar wertlose Dinge und Begegnungen werden verdrängt und abgelegt. Doch das Gebet der liebenden Aufmerksamkeit ermutigt, alles – wirklich alles – was da ist, achtsam anzuschauen.

Die biblische Botschaft zeigt nachdrücklich, dass Gott sich oft im Kleinen und Unbedeutenden offenbart. So erkennt bei der Erwählung eines neuen Königs für Israel der Prophet Samuel erst nach und nach, dass Gott nicht die starken und bedeutenden Söhne des Isai beauftragen will, sondern den kleinen und bisher unbeachteten David (1 Sam

16,1–13). Das Märchen vom Aschenputtel erzählt aus weiblicher Perspektive, dass erst die genaue Wirklichkeitswahrnehmung, die sich nicht vom äußeren Augenschein leiten lässt, Befreiung und Erlösung ermöglicht.

Das eben ist der Weg dieses Gebetes: Nicht vorschnell bewerten und äußerliche Maßstäbe anwenden, sondern versuchen, mit innerer Ruhe dem Maßstab Gottes Raum zu verschaffen und ihm zu folgen. So wichtig und grundlegend ethische Normen sind, diese Form des Betens geschieht zunächst in einer Art „transmoralischem" Raum. Die Angst vor Verurteilung soll überwunden werden. So besteht eine wesentliche Konsequenz dieser Gebetsform im Gewinn innerer Freiheit. Wenn ich versuche, mit dem liebevollen Blick Gottes auf die Welt zu schauen, bin ich weder übermäßig von innerweltlichen Mächten, noch von eigenen Ängsten abhängig. Der betende Mensch kann das Bedrohliche gelassen anschauen. In der Nachfolge Jesu, der selbst klar und liebevoll wahrnimmt, verliert sich mehr und mehr die Notwendigkeit, die Welt nur in Ausschnitten anzusehen. Trotz aller Gebrochenheit ist die Schöpfung Gottes gut. Hinter allem Verzerrten oder Fratzenhaften lässt sich noch eine Spur der göttlichen Weisheit finden.

Es ist ein Gemeinplatz: Jeder Mensch braucht zum Leben ein gewisses Maß an Ansehen. Ich muss angesehen werden, damit ich Sicherheit gewinne, um mein Leben entfalten zu können. Das Beten in liebender Aufmerksamkeit lädt ein, den guten Blick Gottes auf meinem Leben zu betrachten. In der kurzen Zeit der Stille kann es gut und hilfreich sein, das eigene Leben, so wie es sich beispielsweise am zurückliegenden Tag ereignet hat, mit seinen Höhen und Tiefen, mit seiner Buntheit und seiner Farblosigkeit, einfach für den Blick Gottes zu öffnen: Ohne Bewertung und ohne Anstrengung auszubreiten vor dem guten Auge Gottes, dem, der mich anschauen will und mir in diesem Anschauen Ansehen gibt. Selbstverständliche Frucht solchen Betens: Dieses Ansehen an andere weiterzugeben.

Der andere / die andere kommt dann nicht als Objekt einer Untersuchung in den Blick.
Der andere / die andere wird nicht auf Schwächen und Fehler hin examiniert.
Der liebende Blick sucht die Wahrheit des anderen, sucht danach, wie Gott diesen Menschen gemeint hat. So wird das „Gebet der liebenden Aufmerksamkeit" die Schönheit der anderen erschließen und die Schönheit des Eigenen eröffnen!

Vielleicht lässt sich daraus eine kleine Frömmigkeitsübung entwickeln: Ich versuche, einen Menschen, dem ich verbunden bin, mit dem Blick Gottes anzuschauen. Es kann geschehen, dass man die Schönheit eines geliebten Menschen z.B. im Laufe einer langen Partnerschaft oder Freundschaft aus dem Blick „verliert". Dann wird die, der andere „irgendwie" normal, durchschnittlich, alltäglich. Man meint, die andere, den anderen ganz genau zu kennen. Überraschungen ausgeschlossen! Der Glanz des Lebens wird dabei trübe. Und das Wertvolle und Wunderbare gerät aus dem Blick. Wenn ich entgegensteuere, indem ich meinen Blick frei und unvoreingenommen wirken lasse, eröffnet sich manches neu. Vielleicht ist es ein Weg, z.B. den langjährigen Ehegefährten anzuschauen, als sähe ich ihn zum ersten Mal. Hier könnte eine Art „Fastenkur" für die Augen helfen: Nicht alles sofort besser wissen oder mit Vorinformation voll zu stopfen, sondern behutsam einen Schritt zurück treten und versuchen, staunend zu schauen. Die Tradition der frühen Zisterzienser ist mutig genug, davon zu sprechen, im Gesicht des Bruders oder der Schwester das Antlitz Gottes entdecken zu können.

Welch hohe Bedeutung dem eigenen Gesicht zugeschrieben wird, verdeutlicht eine geläufige Situation: Eine Frau zeigt Bekannten und Nachbarinnen Fotos von einer Familienfeier. Ein Foto, auf dem sie selbst zu sehen ist, wird ganz schnell und ohne weitere Bemerkungen unter den Stapel gesteckt. „Was ist denn auf dem Bild zu sehen?" wird nachgefragt. Die Antwort: „Nichts." – Vielleicht ist die betreffende Frau unglücklich getroffen, vielleicht ist die Frisur verrutscht, vielleicht hat sie den Mund offen. Auf jeden Fall ist das eigene Idealbild nicht wiedergegeben: „So will ich nicht gesehen werden. So sehe ich nicht aus."

Doch es gibt auch das Gegenteil: Da hat mich jemand ganz günstig fotografiert; die besten Seiten treten hervor und ich bin schön anzusehen. Ein solches Foto wird immer und immer wieder betrachtet. Es tut gut und wärmt die Seele. Das zeichnet eben eine gute Fotografin, einen guten Fotografen aus, dass sie die Wahrheit eines Gesichtes wahrnehmen und darstellen können. Und mit der Wahrheit kommt das Gute und das Schöne meines Lebens ans Licht. Mit Schönheit ist nicht eine modische Attraktivität gemeint, die ja oft von banalen Maßvorstellungen und nichts sagender, austauschbarer „Dutzendware" dominiert wird. Ein Foto oder ein Bild des eigenen Gesichtes, das dem Herzen gut tut, lässt die verborgene Grazie hervortreten, enthüllt die Einzigartigkeit und entdeckt die Anmut, die unter Sorgen, Ängsten und Beklemmungen vergraben war. Auf diese Weise schauen und wahrnehmen zu können, ist eine Kunst. Die Fähigkeit, einen Menschen so liebevoll betrachten zu können, dass seine schönsten Seiten sichtbar werden, ist wirkliche Lebenskunst, und sie wurzelt in der Gnade, in der gütigen Zuwendung Gottes.

Für Situationen, in denen es keine guten oder offenen Blicke gibt, kennt unsere Umgangssprache das hintergründige Wort: „Wenn Blicke töten könnten!" In früheren Zeiten sprach man vom „bösen Blick" und die mittelalterliche Mythologie wusste von einem seltsamen Tier, dem Basilisk, das mit seinen Augen tötete. Der Blick eines Menschen kann lebensfeindliche, schädliche Wirkungen haben. Wie ich eine andere Person mit meinen Blick „berühre", hängt wesentlich von meiner inneren Haltung ab. Wenn es wahr ist, dass die Augen ein Spiegel des Herzens sind, so liegt eine vornehme Aufgabe christlicher Frömmigkeit darin, den heilenden

Blick Gottes in die Mitte des Eigenen schauen zu lassen. Guardini zielt auf diese geistliche Haltung: „Immerfort blickt mich Dein Auge an, und ich lebe aus Deinem Blick, Du mein Schöpfer und mein Heil."

Mit dem Wissen um den lebensvollen und Tränen trocknenden Blick Gottes, kann ich meine Wirklichkeit, die Welt, in der ich lebe, die Menschen, die mir begegnen, sehr viel eher willkommen heißen und lieb gewinnen. Ein Gewinn liegt sicher in der Fähigkeit, klarere Entscheidungen zu treffen und sie schlüssig zu begründen. Zudem bin ich davon entlastet, eine scheinbar bessere Welt fingieren oder angenehmere Menschen erfinden zu müssen. So wie unsere Welt ist, ist sie die Welt Gottes!

Beten als Horchen auf den Herzschlag Jesu

Über viele Generationen hin war die Herz-Jesu-Frömmigkeit eine tragende Säule für die Spiritualität in der katholischen Kirche. Diese Spezialfrömmigkeit ist als eine mittelbare Gestaltung der neutestamentlichen Liebesbotschaft zu verstehen. Besonders zahlreiche Frauen sahen und sehen im Messbesuch am Herz-Jesu-Freitag einen festen Bestandteil ihres „Gebetsprogrammes"; hier eröffnete sich ihnen eine Möglichkeit, mit Gefühl, Wärme und Empathie die liebende Zuwendung Gottes zu betrachten. Herz-Jesu-Bilder und -Statuen fanden sich früher in fast jedem „gut katholischen" Haus. Das Herz Jesu war das Symbol für die gütige Antwort Gottes auf die Hartherzigkeit der Welt! Die Botschaft durchzieht die Heilige Schrift wie ein roter Faden: Der Gott der Bibel lässt sich die Bedrängnis der Menschen zu Herzen gehen und begleitet schützend ihre Wege: „Er hat dein Wandern durch diese große Wüste auf sein Herz genommen." (Dtn 2,7 in der Übersetzung Martin Luthers).

Die Akzeptanz dieser Frömmigkeitsform hat in den letzten Jahrzehnten aus verschiedenen Gründen stark abgenommen. Mit der Ablehnung der äußeren Gestaltung, die vielfach als kitschig und pathetisch oder als ein wenig „klebrig" empfunden wurde, ging bisweilen leider auch das Verständnis für das Grundanliegen einer „Spiritualität des Herzens" verloren. Vielleicht lässt ein kurzer Blick auf die Ursprünge dieser Gebetskultur ihren Wert erahnen. Dies kann umso anregender sein, als dass dem Herzen in Bild und Wort quer durch alle Kulturen der Erde eine herausragende Bedeutung zugedacht wird.

Die heutige Ausprägung der Herz-Jesu-Frömmigkeit ist eng mit dem Namen Marguerite-Marie Alacoque (1647–1690) verbunden. Diese französische Heilige verehrte das Herz Jesu Christi als ein Symbol seiner Hingabe, als ein „Konzentrat" seines Opferwillens für das Heil der Welt. Bei ihr bekam der Sühnegedanke eine starke Akzentuierung. Das Herz

Das Herz Jesu. Fresko (ca. 1464), Mellaun bei Brixen

war für sie Symbol und Ausdruck dafür, dass der Gottessohn die Schuld der Welt tilgt. Zunächst gab es eine Vielzahl von Darstellungsvarianten, bis schließlich gegen Ende des neunzehnten Jahrhunderts Papst Pius IX. die bekannte Bildform mit dem außen auf der Brust liegenden, organisch geformten Herzen für allein verbindlich erklärte. Zuvor hatte es ein weites Spektrum von bildlichen Interpretation gegeben, wie z.B. das „gekreuzigte" Herz aus einer Dorfkirche von Mellaun in der Nähe von Brixen (Südtirol). Verschiedene Marterwerkzeuge sind an das Kreuz gehängt und auch das vom Speer durchbohrte Herz ist an das Holz geheftet. Hier steht das Herz stellvertretend für die Hingabebereitschaft Jesu Christi. Diesem Bild geht es nicht um die genaue Illustration einer historischen Begebenheit, sondern es geht um die Erfassung der Tiefendimension der Passion. So steht das Herz für die wehrlose Liebe Gottes, die gar nicht anders kann, als sich dem Leiden der Welt unmittelbar auszusetzen.

Auf diesem Hintergrund ist es nicht überraschend, dass eine wesentliche Schriftstelle für die Herzensfrömmigkeit mitten im Passionsgeschehen verortet ist. Das Johannes-Evangelium beschreibt die Feier des Letzten Abendmahles Jesu mit seiner Jüngerschaft (Joh 13,20–26):

[Jesus sprach:]

Wahr, ja wahr ists, ich sage euch:
Wer den aufnimmt, den ich ausgeschickt – mich nimmt er auf.
Wer aber mich aufnimmt, nimmt den auf, der mich ausgeschickt hat.
Als Jesus das gesagt hatte, geriet er im Geist durcheinander,
und er bezeugte und sprach:
Wahr, ja wahr ists, ich sage euch:
Einer von euch wird mich ausliefern.
Blickten die Jünger einander an, ratlos von wem er rede.
Es war einer seiner Jünger im Schoß Jesu gelegen –
er, den Jesus liebte.
Diesem nun winkte Simon Petrus zu, damit er erfrage,
wer es sei, von dem er rede.

Der lässt sich also an der Brust Jesu nieder und sagt zu ihm:
Herr, wer ist es?
Antwortet Jesus: Der ist es, dem ich den Bissen eintunke
und geben werde.
Er tunkt also den Bissen ein, nimmt und gibt ihn Judas,
Sohn Simons Iskariot.

Als frommer Jude will Jesus von Nazareth mit denen, die ihm nachfolgen, das große Fest der Erinnerung an die Befreiung aus der lebensfeindlichen Macht des Pharao, das Pascha-Fest, feiern. Im Neuen Testament schildert allein das Johannes-Evangelium, wie diese Feier für die Anwesenden mit Befremden beginnt, weil der Herr – entgegen allen Regeln – seinen Jüngern die Füße wäscht. Es ist eine Zeichenhandlung, die mit dem Auftrag des „Füreinander-Daseins" endet: „Ein Beispiel habe ich euch gegeben, dass auch ihr tut, wie ich euch getan." (Joh 13,15). An dieses symbolische Tun schließt sich nun das Mahl an. Die Situation könnte still und ergreifend sein. Doch Jesus will keinen Scheinfrieden; so benennt er offen die noch geheimen Verratsabsichten. Sein Leidensweg zeichnet sich ab.

Es ist bemerkenswert: Christus will auch in dieser Situation eine radikale Ehrlichkeit. Mit Konsequenz hält er sich an sein eigenes Wort: „Die Wahrheit wird euch befreien." (Joh 8,32). Es ist ebenso bemerkenswert, dass er in dieser kritischen Phase nicht alle von sich weist. Für viele Menschen ist eine andere Erfahrung allzu vertraut: Ich bin bedroht und beginne alle, die mir begegnen – auch die Wohlwollenden – zurückzuweisen, gleichsam „wegzubeißen". Jede Berührung, jede Begegnung ist dann zu viel. Scheinbar kann in solchen Krisen nur noch das Alleinsein trösten. Der Dichter Clemens Brentano formuliert es so: „Einsam will ich untergehen, niemand soll mein Unglück wissen."

Das Evangelium aber berichtet eine andere Entwicklung. Trotz der Bedrohung durch den absehbaren Verrat lässt Jesus von Nazareth einen Menschen ganz nah an sich heran. Der „Lieblingsjünger" ruht an seiner Brust. Obwohl

Christus-Johannes-Minne (ca. 1310), ehemaliges Zisterzienserinnen-Kloster Heiligkreuztal.
Der Lieblingsjünger findet Ruhe, indem er sich an die Brust Christi anlehnen kann. Die rechten Hände der beiden sind wie zur Bestätigung eines Vertrages verbunden.

keine klare Aussage über die Identität dieses Jüngers gemacht wird, hat die Tradition in ihm den Evangelisten Johannes gesehen. Beide empfinden offensichtlich eine intensive und tiefgründende Freundschaft füreinander. Der Lieblingsjünger kann den Herzschlag Jesu spüren, da er sich an seine Brust lehnt. Das Geschlecht der beiden Menschen, die sich auf innerliche und zarte Weise begegnen, spielt keine Rolle. Engstirnige Anstandsregeln verlieren jedes Mitspracherecht. Das Entscheidende für Jesus ist die Liebe. Zwischen den beiden, zwischen Jesus und Johannes gibt es offensichtlich so etwas wie Seelenverwandtschaft. Und diese Verwandtschaft gewinnt auch eine körperliche Ausdrucksweise. Entscheidend ist die Herzensnähe! Die abendländische Mystik hat diese Szene aufgegriffen und in der so genannten „Christus-Johannes-Minne" bildlich gefasst. Ungefähr ab dem Jahr 1300 finden sich in Europa Darstellungen dieser neutestamentlichen Erzählung. Christus sitzt als schöner und edler Herr in der Blüte seines Lebens gemeinsam mit Johannes auf einer Bank. Johannes, der an der linken Seite Jesu sitzt, neigt seinen Kopf an die Brust seines Freundes. Die jeweils rechten Hände der beiden berühren sich vorsichtig und sind ineinandergelegt. Dieses Ineinanderlegen der Hände ist im Mittelalter nicht nur ein freundliches, aber folgenloses Zeichen. Das Zusammenlegen der Hände ist Ausdruck einer rechtlich wirksamen, gegenseitigen Versicherung des Vertrauens; es hat die Qualität eines Vertrages. Zwischen Christus und Johannes herrscht eine verlässliche und liebevolle Atmosphäre. Die Herzensnähe wirkt sich also auf alle Felder der Beziehung aus.

Nun ist es erstaunlich, dass alle Skulpturen der „Christus-Johannes-Minne" ehedem für Frauenklöster bestimmt waren. Diese spezielle Figurengruppe konnte wohl nur der Spiritualität von Frauen erwachsen. Da, wo Frauen ihre besonderen Kompetenzen zum Leben kommen ließen und kultivierten, war der Rahmen für diese spirituelle Kunst geschaffen. Vielfach ist bezeugt, wie sich Ordensfrauen mit dem Lieblingsjünger identifizierten. Auf dem biblischen Hintergrund bot sich so die Möglichkeit, dem geliebten Christus in Zartheit zu begegnen. Um den inneren Nachvollzug der „herzigen“ Szene für die Nonnen zu erleichtern, erhielt der Lieblingsjünger ausgesprochen weiche, ja fast feminine Züge. Die Betrachterinnen konnten während der Meditation den biblischen Figuren nachspüren, um die Tiefendimension des Geschehens, die Liebe, zu erfassen. Die Herz-Jesu-Frömmigkeit wurde auf diese Weise über lange Zeiten der Kirchengeschichte im Wesentlichen von Frauen kultiviert.

Das Geheimnis der Begegnung zwischen Jesus und dem Lieblingsjünger bleibt einerseits verborgen, doch zugleich wird in der Herzensfrömmigkeit ein Weg aufgezeigt, an dieser liebevollen Begegnung teilzuhaben. An der Brust des Herrn zu ruhen oder auf seinen Herzschlag zu lauschen, gehört eben nicht der Vergangenheit an. In der Spiritualität des Herzens tritt es in die Gegenwart. Durch diese Meditationspraxis gewinnt die Herz-Jesu-Frömmigkeit eine Atmosphäre des Vertrauens und der Zärtlichkeit. Im Verlauf des Abendmahlsberichtes formuliert sich dieses Grundmaß des Lebens Jesu ausdrücklich: „Liebt einander, wie ich euch geliebt, damit auch ihr einander liebt.“ (Joh 13,34).

Der Lieblingsjünger hört auf den innersten Rhythmus des Lebens Jesu. So verfällt er in der Krise der Gefangennahme nicht in panische Angst oder hektische Betriebsamkeit. Er muss niemanden – wie Petrus – mit der Waffe bedrohen, um seine Freundschaft zu beweisen (Joh 18,10). Auch wird er nicht wie der „Chefapostel“ mit halbem Mut bei den Mächtigen nach Jesus forschen, um ihn dann doch zu verraten (Joh 18,12–27). Weil er aber nicht nur durch Kopf und Mund mit dem Herrn verbunden ist, sondern mit dem Herzen, wird er mit Maria bei dem Gekreuzigten bleiben. Das tiefste Leid, die schändliche Hinrichtung, teilt er mit ihm und seiner Mutter. Keiner der anderen Jünger hält das aus. Gerade in der Solidarität mit den Leidenden zeigt die Frömmigkeit des Herzens ihre Stärke. Unter dieser Perspektive fällt alle Verkitschung von der Herz-Jesu-Frömmigkeit ab. Der Lieblingsjünger wagt es, der Verheißung Jesu zu trauen: „Lasst euch das Herz nicht durcheinander bringen ... Ich gehe hin, und ich komme zu euch." (Joh 14, 28). Der hoffungsvolle Blick durch alle Gebrochenheit der Welt hindurch auf das von Gott zugesagte Heil wird zum Kennzeichen der Herzensfrömmigkeit.

Der Lieblingsjünger horcht auf die innere Botschaft Jesu. Daraus ist seine leise und stille, aber auch entschiedene und seelenstarke Spiritualität erwachsen. Für den Lieblingsjünger ist gewiss, dass die leisen Kräfte die Welt tragen. Er kennt die tiefe Weisheit, die Blaise Pascal (1623–1662) Jahrhunderte später erneut ins Wort bringen wird: „Das Herz hat seine Gründe, die der Verstand nicht kennt!"

Es ist sicher berechtigt zu fragen, was das Innerste, den Herzschlag Jesu ausmacht? Wesentliches zeigt sich – wie gesehen – an dem Verhalten des Lieblingsjüngers. Jesus von Nazareth selbst nennt in einem anderen Zusammenhang sein Herzensanliegen: „Heran zu mir alle, ihr Mühenden und Überbürdeten: Ich werde euch aufatmen lassen. Mein Joch nehmt auf euch und lernt von mir. Denn: Sanft bin ich und von Herzen niedrig, und ihr werdet Aufatmen finden für eurer Leben." (Mt 11,28–29). Das Gottesreich soll zu seinem Recht kommen, damit Menschen darin Heil und Sinn finden. Die Güte – und so überraschend es klingen mag – die Demut Gottes bestimmen die Frohbotschaft. Jesus Christus geht es also nicht um grelle Auftritte zur Heilsvermittlung. Sein Anliegen ist es, aus einer Haltung der Sanftmut „das geknickte Rohr" nicht zu zerbrechen und den „glimmenden Docht" nicht auszulöschen (vgl. Jes 42,3). Das Verlorene kann und soll gerettet werden. Gerade in den großen Gleichnissen vom verlorenen Schaf, vom barmherzigen Vater und von der verlorenen Drachme kommt diese unbedingte Zuwendung Gottes ins Bild (Lk 15,1–32). Indem er die Situation aus dem Alltag einer Frau aufgreift, eröffnet Jesus einen „weiblichen“ Bezug zum Weg der Erlösung: Wie diese Frau ihre verlorene Drachme sucht und nicht davon ablässt, bis sie diese gefunden hat, so strebt Gott mit „brennender Sehnsucht“ (Mechthild von Magdeburg) danach, die von seinem Lebensstrom abgeschnittenen Menschen aus ihrer Selbstbefangenheit, ihrer Schuld, zu befreien. Wer sich angstvoll allein auf die eigene Leistung fixiert, der bleibt in sich verfangen; wer Stolz und Selbstgefälligkeit füttert, wird bald an „Seelenblähung“ leiden. Gott aber hat ein Herz für die Kleinen, Betrübten und an den Rand Gedrängten. Sein Herz schlägt für die, die sich als Kinder verstehen und sich wie diese in ihrer Existenz verdankt wissen (Mt 10,13–16). Schon die Propheten haben immer wieder die Erinnerung an die Absicht Gottes wach gehalten, sein Volk zu retten und zu schützen: „Die verlorenengegangenen Tiere will ich suchen, die vertriebenen zurückbringen, die verletzten verbinden, die schwachen kräftigen, die fetten und starken behüten. Ich will ihr Hirt sein und für sie sorgen.“ (Ez 34,16) Fraglos klingt in dieser Botschaft auch die Aufforderung zur Umkehr mit; doch es ist eine gütige und warmherzige Einladung zum Neuanfang.

Auf dem weiten Feld christlicher Spiritualität gibt es sicher einen berechtigten Bezug auf die bisweilen scharfe und schneidende Gerichtsrede Jesu Christi, gleichwohl will gerade die Herz-Jesu-Frömmigkeit die Befreiung und das Heil meditieren. Aber die Herz-Jesu-Frömmigkeit, die eigentlich eine „Herz-Gottes-Spiritualität“ ist, gibt eben der Betrachtung des entgegenkommenden, verzeihenden und in seiner Liebe ohnmächtigen Herrn den Vorzug. Aus der geistlichen Übung, auf das Herz Jesu Christi zu lauschen, um den Kern seiner Botschaft zu hören und sein Grundanliegen zu verstehen, kann sich mehr und mehr die Fähigkeit der „Herzenskunde“ entwickeln, – wie es die Väter und Mütter unserer Tradition nannten. Damit sind Offenheit und Sensibilität für das Geheimnis eines Menschenlebens gemeint, sowie die Ehrfurcht vor dessen Würde. Darin wächst das Gespür für das, was eine Frau, ein Kind, einen Mann im Innersten bewegt. Deshalb steht die Herzensfrömmigkeit in der Verantwortung, gegenseitig auf den Herzschlag zu hören. Wer sein Herz auf diese Weise am Herzen Jesu formt und ausrichtet, wer ihm in seinem Herzensanliegen nachfolgt, dem gilt das Verheißungswort der Bergpredigt: „Selig, die im Herzen Reinen, denn die werden Gott sehen." (Mt 5,8)

So kann das Herz Jesu verstanden werden als ein konkreter Lebensraum, der vom „Klang Gottes" (Gertrud von Helfta) erfüllt ist. Hier ist der Mensch zu Hause. Dieser Gedanke wurde nachhaltig von Frauen geprägt und entfaltet. In der Geschichte der Frauenmystik finden sich zahlreiche Belege für die geistlichen Erfahrungen des „Herzenstausches mit Christus" (Katharina von Siena) und des „Lebens im göttlichen Herzen" (Mechthild von Hackeborn). In ihrem Gefolge entstand in zahlreichen Frauenklöstern eine Verehrung der innersten Mitte der Person Jesu Christi als der Heimat des Menschen. So konnte in einem Bild davon gesprochen werden, dass der eigentliche Ursprung menschlichen Lebens die Liebe ist. Vom Eichstätter Benedikinerinnenkonvent St. Walburga sind aus der Zeit um 1460 mehrere interessante Darstellungen des Herzens Jesu überliefert. Eines davon zeigt den Gekreuzigten mit einem überdimensionierten Herz. Das Herz selbst gewährt – weit aufspringend – Einblick in sein Innerstes. Es ist durch die Lanze des römischen Soldaten aufgeschnitten (Joh 19,34). Zum Herzen führt eine Leiter hinauf, die sich aus einzelnen Tugendstufen zusammensetzt. Eine Nonne ist diesen Weg der Nachfolge gegangen und wohnt nun im Herzen Jesu. Dort findet sie Gemeinschaft mit dem Gotteskind. Da der neugeborene und der gekreuzigte Christus auf dem Bild präsent sind, können Geburt und Tod, können Weihnachten und Ostern, können Krippe und Kreuz zusammengesehen werden. Im Herzen Jesu Christi fallen die Pole unserer Erlösung in eins.

Die Tugenden sind in dieser Sicht kein Selbstzweck; sie führen vielmehr in eine wachsende Gleichheit mit Christus,

Die Seele im Herzen des Gekreuzigten.
Buchmalerei aus der Benediktinerinnenabtei St. Walburga, Eichstätt (Ende 15. Jahrhundert).

– bis dahin, dass sich die Liebenden innerlich begegnen. Das Herz wird zum Bild für die Möglichkeit des liebevollen Dialogs, der zärtlichen Begegnung zwischen Christus und Mensch. Das offene Herz ist der Ort gegenseitiger Liebe.

Es ist schön und bemerkenswert, dass gerade Frauen diesen Zweig der Spiritualität gepflegt und tradiert haben.

Weiterführende Literatur

- *Assumpta M. Schenkl,* Steh auf meine Freundin und komm. Geistliche Gedichte in Anlehnung an das Hohelied. St. Ottilien. 1994.
- *Meister Eckhart,* Deutsche Predigten und Traktate, München: Diogenes Verlag, 1979.
- *Silja Walter,* Der Ruf aus dem Garten, Freiburg 1995.
- *Benedikta Hintersberger / Stefanie Aurelia Spendel,* Reiß mich in deine Zukunft. Mit Frauen der Bibel beten. München 1998
- *Heinrich Schipperges,* Die Welt des Herzens. Frankfurt a.M. 1989.
- *Carola Moosbach,* Gottflamme Du Schöne. Gütersloh 1997.
- *Carola Moosbach,* Lobet die Eine. Schweige- und Schreigebete. Mainz 2000.
- *Friedrich Heiler,* Das Gebet. Eine religionswissenschaftliche und psychologische Studie. München 1918.
- *Felicitas Betz,* Tastende Gebete. München 1973.
- *Mechthild von Magdeburg,* Das fließende Licht der Gottheit. Übers. u. hrsg. v. Margot Schmidt, Stuttgart 1995.
- *Gertrud von Helfta,* Gesandter der göttlichen Liebe. Übertr. v. Johanna Lanczkowski. Heidelberg 1989.
- *Ursula Schulz-Dornburg,* Ewiger Weizen. Ulm o. J.